그리스 로마 신화

5 오디세우스와 트로이 전쟁

글 양태석 그림 조성경

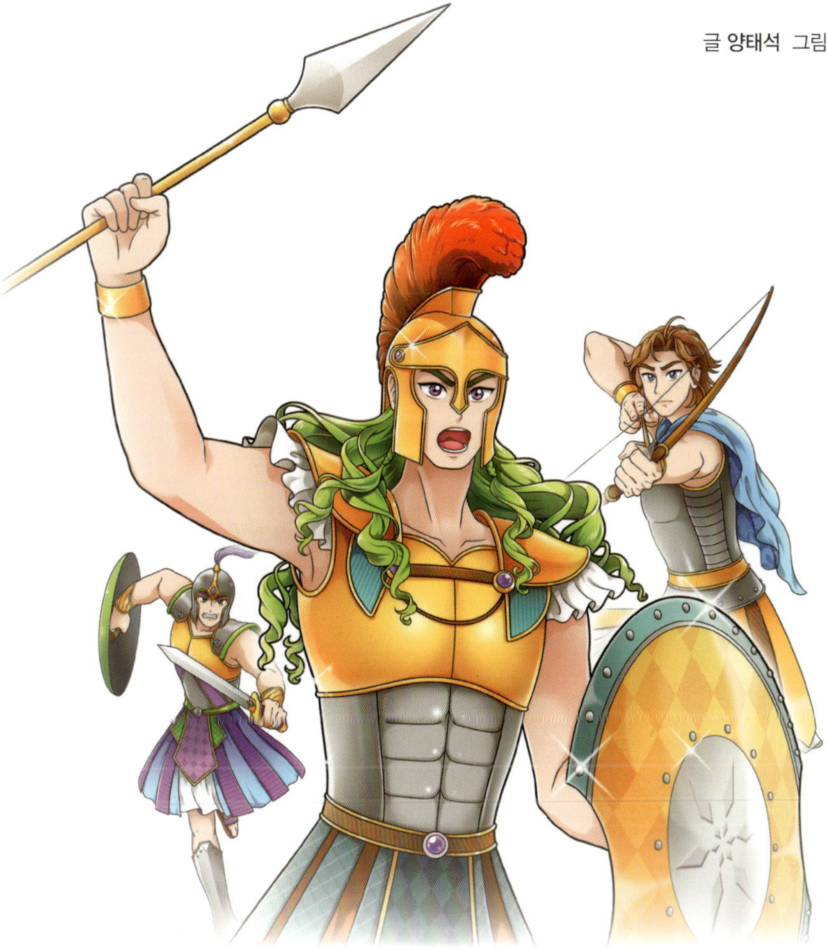

은하수 미디어
EUNHASOOMEDIA

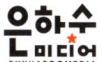

주요 등장인물 소개

아킬레우스
트로이 전쟁을 승리로 이끈 그리스 영웅이에요. 날 때부터 영웅이 될 운명이었어요.

오디세우스
트로이 전쟁에서 크게 활약한 그리스 영웅이자, 이타카의 왕이에요.

그 밖의 등장인물들

파리스
트로이의 왕자

헬레네
스파르타의 왕비

메넬라오스
스파르타의 왕

이피게네이아
아가멤논의 딸

칼카스
그리스의 예언자

키르케
마법을 부리는 마녀

오레스테스
아가멤논의 아들

페넬로페
오디세우스의 아내

차례

1 결혼식에서 생긴 일 8

2 트로이 전쟁의 불씨가 된 헬레네 28

3 트로이 전쟁의 시작 54

4 트로이의 보물, 팔라디온 74

5 트로이의 목마 94

6 고향으로 가는 길 110

7 오디세우스의 모험 ········· 134

8 세이렌의 유혹과 칼립소 ········· 152

9 이타카로 돌아온 오디세우스 ········· 170

그리스 로마 신화를 읽는 이유 ········ 190
신화 박물관 ········ 192
신화 퀴즈 ········ 198
상상하기 ········ 202
신들의 이름 ········ 203
신과 인간의 계보 ········ 204
빈칸을 채워라! ········ 206

부록 그리스 로마 신화 캐릭터 카드

결혼식에서 생긴 일

불화의 여신 에리스는 펠레우스의 결혼식에 초대받지 못하자 화가 났어요. 그래서 헤라, 아프로디테, 아테나 세 여신이 모인 곳에 '세상에서 가장 아름다운 여신에게'라고 쓴 황금 사과를 굴려 보냈어요. 그 사과의 주인이 된 여신은 누구일까요?

1 결혼식에서 생긴 일

 프티아의 왕 펠레우스는 아르고 원정대에도 참가한 용사예요. 펠레우스는 아내가 죽은 뒤 혼자 외롭게 살았어요. 울적한 마음을 달래려고 자주 바닷가에 나가 산책을 했지요.
 그러던 어느 날 펠레우스는 바닷가 동굴 근처에서 한 아름다운 여인을 보았어요.
 '오, 저분은 테티스 여신이 아닌가!'
 바닷바람을 쐬고 있는 바다의 여신 테티스의 모습은 참으로 아름다웠어요.

펠레우스는 그날부터 테티스를 짝사랑했어요. 생각만 해도 가슴이 두근거릴 정도였지요.

테티스는 아름다울 뿐 아니라 마음씨도 아주 착했어요. 그래서 다른 신들도 테티스를 좋아했지요. 한때 제우스도 테티스를 사랑해 새 아내로 맞이하려고 했어요.

하지만 프로메테우스의 예언을 듣고 마음을 고쳐먹었어요. 프로메테우스가 이런 예언을 했거든요.

"테티스가 낳은 자식은 아버지보다 위대해질 거요!"

제우스는 아버지 크로노스를 물리치고 최고신의 자리에 올랐어요. 그런데 만일 자신이 테티스를 아내로 맞이하면, 둘 사이에서 낳은 아들이 예언대로 자기 자리를 빼앗을지도 모르는 일이었지요.

제우스는 그런 일이 일어나기를 원치 않았기 때문에 테티스가 펠레우스와 결혼하기를 바랐어요.

"펠레우스는 좋은 사람이니 그와 결혼하는 게 어떻겠소?"

제우스는 테티스에게 직접 결혼을 권하기도 했어요. 하지만 테티스는 고개를 저었어요.

"저는 인간인 펠레우스와 결혼하고 싶지 않습니다."

테티스의 그런 마음과 상관없이 펠레우스는 테티스와 결혼하고 싶어서 마음에 병이 날 지경이었어요. 고민 끝에 펠레우스는 영웅들의 스승인 케이론을 찾아갔어요. 케이론은 의술과 무술, 음악은 물론 예언 실력도 뛰어난 지혜로운 켄타우로스족이에요.

"제가 어떻게 해야 테티스 여신과 결혼할 수 있겠습니까?"

"우선 청혼을 하시오. 그리고 그 청혼을 받아 줄 때까지 여신을 붙잡고 놓지 마시오. 어떤 일이 생기더라도 말이오."

펠레우스는 테티스가 머물고 있는 동굴로 찾아갔어요. 마침 해가 지던 참이라 밤이 될 때까지 기다렸지요. 이윽고 밤이 되어 테티스가 잠들자 펠레우스는 조용히 동굴로 들어가 두 팔로 테티스를 꽉 붙잡았어요.

"악, 누구냐?"

테티스가 소리치자 펠레우스는 더 세게 잡았어요.

"나는 프티아의 왕 펠레우스입니다. 저와 결혼해 주십시오. 제 청을 들어주지 않으면 이 팔을 절대 풀지 않겠습니다!"

"감히 신을 모욕하다니!"

테티스는 그 자리에서 활활 타는 장작으로 변했어요. 하지만 펠레우스는 뜨거움을 참으며 팔을 풀지 않았어요. 그러자 이번에는 늑대로 변해 그를 물어뜯었어요. 그래도 펠레우스는 팔을 풀지 않았지요.

테티스는 바다뱀으로 변해 펠레우스의 몸을 친친 감기도 하고, 미끄러운 물고기로 변해 그의 팔에서 벗어나려 했어요. 하지만 펠레우스는 끝까지 버티며 팔을 풀지 않았어요.

"참으로 용감하고 인내심도 대단하군요."

테티스는 어느새 원래 자기 모습으로 돌아왔어요.

"인간과 결혼하고 싶은 마음은 전혀 없었지만, 당신이라면 결혼해도 좋을 것 같군요."

펠레우스는 뛸 듯이 기뻐하며 곧바로 결혼식을 준비했어요.

펠리온산에서 열린 결혼식에는 올림포스 신들도 여럿 참석했어요. 하지만 불화의 여신 에리스는 초대 받지 못했지요. 에리스가 와서 불화를 일으키면 쓸데없이 싸움이 생기고, 그러면 결혼식이 엉망이 될지도 모르니까요.

그러나 에리스는 소문을 듣고 뒤늦게 결혼식에 찾아왔어요. 손에 황금 사과를 하나 들고 말이지요. 황금 사과에는 이런 글이 쓰여 있었어요.

"세상에서 가장 아름다운 여신에게."

테티스에게 결혼 선물로 주려고 가져온 것이었어요.

에리스가 결혼식장에 가 보니 헤라와 아프로디테, 아테나가 이미 와서 앉아 있었어요.

세 여신이 다정하게 대화를 나누는 모습을 보자 에리스는 심술이 났어요. 에리스는 황금 사과를 세 여신 앞으로 슬쩍 굴렸지요. 그러자 세 여신은 황금 사과에 쓰인 글을 보고 서로 자신의 것이라며 다투기 시작했어요.

　세 여신은 옥신각신 싸우다 제우스를 찾아가 사과의 주인을 정해 달라고 부탁했어요. 제우스는 어느 한쪽을 편들기가 곤란해 다른 이를 추천했어요.

"세상에서 가장 아름다운 여신을 가리는 일은 세상에서 가장 잘생긴 남자가 하는 게 좋을 것 같소."

"그게 누구죠?"

"트로이의 왕자 파리스라오."

　세 여신은 곧장 트로이로 향했어요. 트로이의 왕자 파리스는 좋은 신분으로 태어났지만, 어린 시절을 힘들게 보냈어요.

트로이의 왕비 헤카베는 파리스를 임신했을 때 이상한 꿈을 꾸었어요. 트로이 성이 불타 잿더미가 되는 꿈이었지요. 트로이의 왕 프리아모스는 불길한 생각이 들어 예언자를 불렀어요.

"이 아이를 버리십시오. 그러지 않으면 트로이에 엄청난 불행이 생길 겁니다."

"그대의 말에 따르겠소."

프리아모스는 갓 태어난 파리스를 양치기 아겔라오스에게 주며 말했어요.

"당장 산속에 내다 버려라!"

차마 아기를 버릴 수 없었던 아겔라오스는 자신의 집으로 데려가 키웠어요.

파리스는 어린 시절부터 소를 돌보며 힘들게 자랐지만 누가 봐도 정말 빼어난 미남이었어요. 청년이 되자 그의 얼굴은 더욱 빛났어요.

아겔라오스는 청년이 된 파리스에게 지난 일을 모두 들려주었어요.

그때 마침 트로이에서 레슬링 대회가 열렸어요. 파리스는 이 대회에 나가기로 마음먹었어요.

"레슬링 대회에 나가서 우승하면 부모님을 만날 수 있을 거야."

트로이로 간 파리스는 생각했던 대로 대회에서 우승을 차지했어요. 왕궁으로 가서 프리아모스 왕으로부터 상을 받았는데, 그 자리에는 파리스의 누이 카산드라와 아우 헬레노스도 있었어요. 쌍둥이 남매인 둘은 예언하는 능력이 뛰어났지요.

카산드라와 헬레노스는 파리스를 보자마자 놀라 소리쳤어요.

"저 사람은 제 오빠예요!"

"맞아요. 저 사람은 제 형이 분명해요!"

프리아모스 왕은 깜짝 놀라 양치기 아겔라오스를 불러 이것저것 물어보았어요. 자신의 아들이라는 것이 확실해지자 프리아모스는 파리스를 친자식으로 받아들이고 함께 왕궁에서 살도록 허락했어요. 산에서 소를 돌보던 청년이 하루아침에 트로이의 왕자가 된 거예요.

이 일이 있고 나서 얼마 후 전령의 신 헤르메스가 헤라와 아프로디테, 아테나를 데리고 파리스 앞에 나타났어요. 그러고는 파리스에게 황금 사과를 건네주며 말했어요.

"파리스, 이 여신들 중에 누가 제일 아름다운지 말해 다오. 그분이 바로 이 황금 사과의 주인이 되실 것이다."

세 여신은 황금 사과를 차지하기 위해 저마다 아름다움을 뽐냈어요.

"나에게 그 황금 사과를 준다면, 너를 세상에서 가장 부유하고 강한 왕국의 왕이 되게 해 주겠다."

헤라가 말하자 이어서 아테나가 앞으로 나섰어요.

"네가 모든 전쟁에서 반드시 이기도록 해 주마."

이번에는 아프로디테가 말했어요.

"세상에서 가장 아름다운 여인을 아내로 맞게 해 주마."

파리스는 잠시 고민한 후에 황금 사과를 아프로디테에게 건네주었어요. 젊은 파리스에게는 그 무엇보다도 사랑이 제일 소중했던 거예요.

헤라와 아테나는 자존심이 크게 상했어요. 두 여신은 파리스와 아프로디테를 쏘아보다가 휙 떠나 버렸어요.

아프로디테가 기뻐하며 파리스에게 물었어요.

"너는 누구와 결혼하고 싶으냐?"

"저는 스파르타의 헬레네와 결혼하고 싶습니다."

파리스는 예전부터 헬레네가 여인 중에서 가장 예쁘다는 소문을 들었어요. 그래서 자신의 신붓감으로 마음속에 새겨 두고 있었지요.

그런데 헬레네라는 이름을 듣는 순간, 아프로디테의 표정이 딱딱하게 굳었어요. 헬레네는 이미 결혼한 여인이었기 때문이에요.

하지만 아프로디테는 자기가 한 말을 뒤집을 수 없어서, 무슨 일이 있더라도 헬레네와 결혼할 수 있게 도와주겠다고 약속했어요.

파리스는 아버지 프리아모스 왕을 찾아가 신붓감을 데려오겠다고 했어요. 아버지가 허락하자 파리스는 곧장 스파르타로 떠났어요. 스파르타의 공주였던 헬레네는 미케네의 왕자 메넬라오스와 결혼한 후 스파르타에 살고 있었거든요.

한편, 펠레우스와 결혼한 여신 테티스는 건강한 남자아이를 낳았어요. 이 아이가 바로 아킬레우스예요. 테티스는 아킬레우스가 자기처럼 영원한 생명을 가지기를 원했어요.

"옳지! 스틱스강으로 데려가 목욕을 시켜야겠다."

테티스는 아들을 지하 세계의 스틱스강으로 데려갔어요. 그러고는 발꿈치를 잡고 온몸을 스틱스강에 푹 잠기도록 담갔어요. 스틱스강의 물이 피부에 닿으면 어떤 무기로 공격해도 상처를 입지 않거든요.

덕분에 아킬레우스는 온몸이 바위처럼 단단해졌어요. 하지만 테티스가 손에 쥐고 있던 발꿈치만은 강물에 닿지 않아, 몸에서 딱 한 군데 약한 곳이 되었지요.

펠레우스 왕은 아킬레우스를 영웅들의 스승인 케이론에게 맡겼어요. 아킬레우스는 케이론에게 무예와 학문을 배우며 무럭무럭 자라났어요.

트로이 전쟁의 불씨가 된 헬레네

트로이의 왕자 파리스는 스파르타의 헬레네와 결혼하고 싶었지만, 그녀는 이미 결혼한 상태였어요. 아프로디테의 도움으로 두 사람은 서로 사랑에 빠졌고 이것이 트로이 전쟁의 불씨가 되었어요. 트로이와 그리스의 운명은 과연 어떻게 될까요?

2 트로이 전쟁의
불씨가 된 헬레네

　스파르타의 왕 틴다레오스에게는 두 딸이 있었어요. 바로 헬레네와 클리타임네스트라였지요. 그중 헬레네는 어릴 때부터 아름답기로 유명했어요.
　틴다레오스는 먼저 클리타임네스트라를 미케네의 왕 아가멤논과 결혼시켰어요. 그리고 헬레네는 아가멤논의 동생 메넬라오스와 결혼시키려고 마음먹었지요. 하지만 아름다운 헬레네와 결혼하고 싶어 하는 구혼자가 너무 많아 골치가 아팠어요. 구혼자는 결혼하기를 원하는 사람을 말해요.

틴다레오스는 누구 한 명을 헬레네의 남편으로 정하면, 남은 구혼자들이 싸움을 일으킬까 봐 걱정이었어요.

구혼자들은 다들 한 나라의 왕이나 왕자였어요. 그들은 스파르타로 몰려와서 헬레네와 결혼하겠다고 난리를 피웠어요. 헬레네와 틴다레오스의 마음을 사기 위해 저마다 앞다투어 값비싼 선물을 가지고 왔지요.

그중에는 이타카의 왕 오디세우스도 있었어요. 그는 매우 지혜롭고 말솜씨도 뛰어난 인물이었어요. 오디세우스는 틴다레오스가 헬레네 때문에 걱정이 많은 것을 눈치채고 왕궁으로 찾아갔어요.

"헬레네 공주의 구혼자들 때문에 고민이시지요? 제가 그들을 순순히 자기 나라로 돌아가도록 도와드릴까요?"

틴다레오스는 오디세우스에게 왜 자신을 도우려 하는지 물었어요.

"그들이 모두 돌아가고 나면 페넬로페 공주와 제가 결혼할 수 있도록 허락해 주십시오."

틴다레오스는 고개를 끄덕였어요.

"좋네. 그렇게만 된다면 나도 자네를 도와주지."

페넬로페는 헬레네의 사촌인데 아름다울 뿐 아니라 성격도 반듯했어요. 재산이 많지 않았던 오디세우스는 헬레네와는 결혼하기 어려울 것으로 판단하고, 대신 페넬로페를 선택한 거예요.

오디세우스는 구혼자들이 모여 있는 거리로 나가 소리쳤어요.

"여러분, 언제까지 여기서 기다리기만 할 겁니까? 틴다레오스 왕이 누구를 헬레네의 남편으로 선택하든 사나이답게 받아들입시다. 그리고 앞으로 헬레네

부부에게 어려운 일이 생기면 우리가 모두 나서서 도와주기로 맹세합시다."

　구혼자들은 오디세우스의 말에 찬성하며 한마디씩 거들었어요.

"그 말이 옳은 것 같소!"

"그렇게 합시다!"

　틴다레오스는 그제야 안심하고 메넬라오스를 헬레네의 남편으로 정했어요. 그러자 구혼자들은 아쉬워하며 자기 나라로 돌아갔어요.

　틴다레오스는 오디세우스와 약속한 대로 페넬로페를 그의 아내가 되도록 해 주었어요. 오디세우스는 기쁜 마음으로 아내를 맞아들였지요.

　그 후 틴다레오스 왕이 세상을 떠나자 헬레네의 남편 메넬라오스가 스파르타의 왕이 되었어요. 두 사람은 딸 헤르미오네를 낳았지요.

그러던 어느 날, 트로이의 왕자 파리스가 스파르타에 도착했어요. 메넬라오스는 파리스를 반갑게 맞이했어요. 파리스는 스파르타 왕궁에서 며칠 동안 쉬면서 자연스럽게 헬레네와 인사를 나누었어요.

파리스와 헬레네가 처음 만난 날, 아프로디테 여신이 두 사람에게 사랑의 감정을 불어넣었어요. 파리스와 한 약속을 지키기 위해서였지요.

파리스와 헬레네는 단 며칠 만에 아주 가까워졌어요. 서로를 바라보는 눈빛이 마치 다정한 부부 같았어요.

"잠시 크레타섬에 다녀와야겠소."

어느 날, 메넬라오스가 외할아버지 장례식에 참석하기 위해 잠시 왕궁을 떠났어요.

그러자 파리스가 재빨리 헬레네에게 말했어요.

"지금이 기회요. 우리 함께 트로이로 갑시다!"

헬레네는 파리스와 함께 급히 왕궁에서 도망쳤어요. 자기가 가지고 있던 보석도 모두 챙겨서 트로이로 향했지요.

파리스와 헬레네가 트로이에 도착하자 프리아모스 왕이 반갑게 맞아 주었어요. 하지만 파리스의 동생인 카산드라와 헬레노스는 근심 어린 표정으로 헬레네를 쏘아보았어요.

"큰일 났군. 저 여자는 분명 트로이를 위험에 빠뜨릴 거야."

카산드라의 말에 헬레노스도 땅이 꺼지도록 한숨을 내쉬었어요.

한편, 외할아버지의 장례를 치르고 돌아온 메넬라오스는 아내가 사라진 것을 알고 분노했어요.

"파리스가 내 아내를 납치해 갔구나! 보석까지 훔쳐 간 걸 보면 납치당한 게 분명해!"

메넬라오스는 얼른 형을 찾아갔어요. 그의 형은 미케네의 왕 아가멤논이었어요.

"형님, 아내를 납치해 간 파리스를 꼭 제 손으로 없애고 싶습니다!"

이야기를 다 듣더니 아가멤논도 길길이 뛰며 화를 냈어요.

"이건 스파르타만의 문제가 아니다. 모든 그리스 사람들의 명예가 걸린 일이야. 당장 그리스 연합군을 만들어 트로이로 쳐들어가야겠다!"

메넬라오스는 사촌 팔라메데스와 함께 그리스 여러 도시 국가의 왕들을 설득하러 떠났어요. 팔라메데스는 오디세우스 못지않게 지혜롭고 재치가 넘치는 인물이었지요.

얼마 지나지 않아 여러 왕들이 그리스 연합군에 참여하기로 결정했어요.

메넬라오스와 팔라메데스는 이타카의 왕 오디세우스도 만났어요. 물론 그리스 연합군에 참가해 달라고 부탁하기 위해서였지요. 하지만 오디세우스는 단번에 거절했어요. 이제 막 아들 텔레마코스를 낳고 행복한 단꿈에 빠져 있었거든요.

"예전에 헬레네 부부에게 어려운 일이 생기면 함께 돕자고 주장한 사람이 바로 당신 아닙니까?"

팔라메데스가 예전 일을 들먹이며 오디세우스를 끈질기게 설득했어요.

하지만 아무리 설득해도 오디세우스는 넘어오지 않았어요. 그는 오히려 미친 척 연기를 했지요. 말과 소를 나란히 묶어 쟁기질을 하는가 하면, 밭에 모래와 소금을 뿌리며 씨앗이라고 우겼어요.

그런 오디세우스는 누가 보아도 미친 사람 같았지만, 팔라메데스는 속지 않았어요.

팔라메데스는 쟁기를 끌고 있는 말과 소 앞에 오디세우스의 어린 아들을 데려다 놓았어요. 그러자 오디세우스가 황급히 고삐를 잡아당겼어요.

"내 아들을 죽일 셈이오!"

"어설픈 미친 척은 그만두시오! 내 눈을 속일 수는 없소."

오디세우스는 머쓱해져 결국 손을 들고 말았어요.

"어쩔 수 없군. 나도 그리스 연합군에 참여하겠소."

하지만 이 일로 오디세우스는 자존심에 상처를 입었어요. 언젠가는 꼭 팔라메데스에게 복수하기로 마음먹었지요.

오디세우스는 배 열두 척과 수많은 병사를 이끌고 이타카섬을 떠나 아울리스 항구로 향했어요. 가까운 친구이자 아르고스의 왕인 디오메데스도 함께했지요. 오디세우스는 먼 길을 떠나기 전에 어린 아들이 걱정되어 친구인 멘토르에게 아들의 교육을 맡기는 것도 잊지 않았어요. 멘토르는 매우 어질고 총명한 사람이었어요.

아울리스 항구에는 이미 일천 척이 넘는 배와 수많은 그리스 장수들이 모여 있었어요. 유명한 예언가 칼카스도 와 있었지요. 이 자리에서 장수들은 아가멤논을 총사령관으로 받들었어요.

"장수들이여, 당장 트로이로 쳐들어가 땅에 떨어진 그리스의 명예를 되찾아 오자!"

아가멤논의 외침에 장수들과 병사들이 소리를 지르며 호응했어요.

"옳소, 옳소!"

"당장 트로이로 쳐들어갑시다!"

아가멤논은 병사들을 진정시키고 예언가 칼카스에게 물었어요.

"이번 전쟁은 누가 이길 것 같소?"

"한 사람만 더 있으면 우리가 이깁니다."

"그가 누구요?"

"아킬레우스입니다. 트로이의 왕자 헥토르를 상대하려면 그가 꼭 있어야 합니다."

이 말을 듣고 오디세우스가 나섰어요.

"제가 가서 아킬레우스를 데려오겠습니다."

오디세우스는 친구 디오메데스와 스키로스섬으로 떠났어요.

테티스는 이런 일이 생길 줄 미리 알고, 아들 아킬레우스를 스키로스섬의 왕 리코메데스에게 일찍감치 보냈어요. 그러고는 여자로 변장시키고 누가 찾아오든 모른다고 잡아떼게 했지요.

 스키로스 왕궁으로 찾아간 오디세우스는 한 가지 꾀를 냈어요. 보석과 목걸이 등 장신구를 죽 늘어놓고 그 사이에 칼을 한 자루 살짝 감춰 놓았지요. 그러고는 왕궁 여자들에게 하나씩 고르라고 했어요.
 여자들이 장신구를 고르고 있을 때 누군가 소리를 질렀어요.

"전쟁이 터졌다! 어서 나가서 싸우자!"

여자들은 깜짝 놀라서 전부 도망쳤어요. 오직 한 여자만 바닥에 놓인 장신구 사이에서 칼을 찾아 재빨리 달려 나갔어요.

오디세우스가 그 앞을 막아서며 말했어요.

"이보게. 천하의 아킬레우스가 여기서 지금 뭐 하는 건가?"

아킬레우스는 부끄러운 나머지 얼굴을 붉혔어요.

"좋습니다. 저도 그리스 연합군에 참가하겠습니다!"

전쟁에 참여하기로 마음먹은 아킬레우스는 자신의 아버지가 다스리는 프티아로 가서 배 오십 척과 병사들을 이끌고 왔어요. 그와 가장 가까운 친구 파트로클로스도 함께 왔지요.

그리스 연합군의 총사령관 아가멤논은 트로이로 떠나기 전에 신들에게 제사를 올렸어요. 그런데 그곳에 갑자기 커다란 구렁이가 나타나더니, 참새 아홉 마리를 잡아먹고 돌로 변해 버렸어요.

그것을 보고 칼카스가 외쳤어요.

"이번 전쟁은 구 년이 지나고 십 년째에 끝날 것입니다."

전쟁이 꽤 길어질 거라는 예언에 병사들은 다들 어두운 표정을 지었어요.

드디어 그리스 연합군이 바다로 나가려는데, 이상하게도 그날부터 심한 바람이 불어왔어요.

배가 도저히 항구를 떠날 수 없게 되자, 칼카스가 신전으로 가서 신탁을 듣고 왔어요. 신탁은 신이 사람을 통해 그의 뜻을 나타내거나 사람의 물음에 대답하는 일을 말해요.

칼카스가 아가멤논에게 말했어요.

"신께서 말씀하시길, 총사령관님이 이 근처 숲에서 사슴을 잡은 적이 있다는데 맞습니까?"

"그렇소. 내가 사슴을 잡은 적이 있소."

"그 사슴은 아르테미스 여신이 아끼던 사슴입니다. 그것 때문에 아르테미스 여신이 노하여 심한 바람을 일으킨 겁니다. 이 바람을 멈추려면 사령관님의 딸을 제물로 바쳐야 한답니다."

아가멤논은 그 말에 깜짝 놀랐어요. 하지만 큰 뜻을 이루기 위해서는 딸을 희생해도 어쩔 수 없다고 생각했어요.

아가멤논은 고향에 있는 아내 클리타임네스트라에게 오디세우스를 보냈어요. 오디세우스는 아가멤논이 딸 이피게네이아를 아킬레우스와 결혼시키기로 했다고 거짓말을 했어요.

클리타임네스트라는 기뻐하며 이피게네이아를 보냈어요. 아무것도 모르는 이피게네이아는 아울리스에 도착해 희생 제물이 되어야 했지요.

 한 병사가 제단에 앉아 눈을 꼭 감은 이피게네이아를 칼로 내리치려 할 때였어요. 방금 전까지만 해도 눈을 감은 채 앉아 있던 이피게네이아는 눈 깜짝할 새에 사라지고, 그 자리에는 암사슴이 한 마리 앉아 있었어요.

 진짜 이피게네이아는 허공으로 붕 날아올랐어요.

"공주님이 하늘로 날아갑니다!"

병사들이 놀라 소리쳤어요. 알고 보니 아르테미스가 이피게네이아를 불쌍히 여겨 대신 암사슴을 죽게 한 것이었어요.

아르테미스는 이피게네이아를 타우로이족의 나라로 데려가 신전을 지키는 신녀로 삼았지요.

이튿날이 되자 거짓말처럼 바람이 잦아들고 바다도 잔잔해졌어요. 그리스 연합군은 아킬레우스를 앞세우고 거센 함성을 내지르며 바다로 나갔어요.

그리스군이 쳐들어온다는 소식은 금세 트로이로 전해졌어요.

프리아모스 왕은 병사들을 모으고 큰아들 헥토르를 총사령관에 임명했어요. 헥토르가 가장 아끼는 동생 데이포보스와 용맹한 장수 아이네이아스도 헥토르 곁을 지켰어요. 트로이군도 얼마 지나지 않아 전쟁 준비를 마쳤어요.

이제 곧 그리스 연합군과 트로이군의 전쟁이 벌어질 판이었어요. 올림포스 신들도 둘로 나뉘었어요. 황금 사과를 받지 못한 것 때문에 파리스를 미워하는 헤라와 아테나는 그리스 편을 들었어요. 헤르메스와 포세이돈도 그리스 편이었지요.

아프로디테는 트로이 장수 아이네이아스의 어머니였으므로 당연히 트로이 편이 되었어요. 파리스가 자신에게 황금 사과를 준 것 때문에라도 아프로디테는 트로이 편에 섰지요. 아프로디테를 좋아하는 아레스는 당연히 트로이 편이었고, 아폴론과 아르테미스도 트로이 편이었어요.

하지만 제우스는 어느 편도 들지 않고 신들에게 무섭게 명령했어요.

"신들은 직접 전쟁에 나서지 말라. 신들끼리 싸우거나 정의에 어긋나는 행동을 하면 내가 가만있지 않을 것이다."

신들은 제우스의 명령에 따라 직접 나서지는 않았어요. 하지만 뒤에서 자기가 아끼는 장수들을 몰래 도와주었지요.

트로이 전쟁의 시작

트로이군과 그리스군의 전쟁이 시작되었어요. 첫 전투에서는 그리스가 크게 이겼고, 트로이군은 성안으로 들어가 밖으로 나오지 않았어요. 얼마 뒤 그리스군 사이에 전염병이 돌았어요. 그리스 군대에 갑자기 전염병이 퍼진 이유는 무엇일까요?

3 트로이 전쟁의 시작

그리스군은 트로이에 도착하기 전에 렘노스섬에 내려 잠시 쉬었어요. 그런데 멜리보이아의 왕 필록테테스가 숲에서 뱀에 물리고 말았어요. 필록테테스는 헤라클레스의 활과 화살을 물려받은 명사수였지요.

"허 참, 이 일을 어쩌면 좋단 말인가?"

고민하던 아가멤논은 하는 수 없이 그냥 배를 출발시켰어요. 다리가 퉁퉁 부은 필록테테스는 렘노스섬에 혼자 남겨졌지요.

마침내 그리스군의 배가 트로이 바닷가에 닿았어요.

총사령관 아가멤논이 병사들을 향해 외쳤어요.

"용맹스러운 그리스 병사들이여! 트로이 성을 총공격하라!"

그리스 병사들이 우르르 배에서 쏟아져 나와 트로이 성으로 달려갔어요. 그러자 트로이 성에서도 헥토르가 이끄는 병사들이 바람처럼 달려 나왔어요.

양쪽 장수들과 병사들은 치열하게 싸웠어요. 그리스군의 배에서 가장 먼저 뛰어내린 장수 프로테실라오스는 누구보다 용감하게 싸웠어요. 하지만 트로이 장수의 공격을 받고 그만 쓰러지고 말았어요.

"비켜라, 아킬레우스가 나가신다!"

아킬레우스는 그리스군의 맨 앞에 서서 창을 휘두르며, 적들에게 달려가 프로테실라오스를 구해 왔어요.

하지만 이미 그는 숨이 끊어져 있었어요. 분노한 아킬레우스는 적들에게 달려가 사정없이 창을 휘둘렀어요. 아킬레우스가 지나가는 곳마다 트로이군의 시체가 산더미처럼 쌓였어요.

사기가 오른 그리스군은 폭풍처럼 트로이 병사들을 밀어붙였어요.

트로이군은 정신없이 도망가기 바빴어요.

첫 전투는 그리스군의 큰 승리로 끝났어요.

"와, 우리가 이겼다!"

그리스군의 함성이 들판에 메아리쳤어요. 트로이군은 성안으로 후퇴한 뒤 성문을 닫아걸고, 아예 밖으로 한 발짝도 나오지 않았어요.

그리스군이 계속 싸움을 걸었지만 트로이군은 성안에서 꿈쩍도 하지 않았어요.

"정말 지루하군."

그리스 병사들은 진지에서 먹고 자며 하루하루를 보냈어요. 진지는 적과 싸울 수 있게 부대가 머무르는 곳을 말해요.

전쟁이 잠시 멈춘 사이 오디세우스는 팔라메데스에게 복수하기로 마음먹었어요. 자신의 자존심에 상처를 입힌 그를 용서할 수 없었기 때문이에요.

오디세우스는 거짓으로 편지를 써서 아가멤논이 임시로 머무는 천막 앞에 떨어뜨렸어요. 거기에는 팔라메데스가 그리스를 배신하고 몰래 트로이에 항복하겠다는 내용이 쓰여 있었어요. 그 대가로 트로이의 왕이 팔라메데스에게 금을 주었다는 내용도 있었지요.

편지를 발견한 아가멤논은 몹시 분노했어요.

"당장 팔라메데스를 끌고 와라!"

어떤 장수도 팔라메데스를 편들어 주지 않았어요. 결국 팔라메데스는 억울하게 죽임을 당하고 말았어요. 그가 억울하게 죽는 것을 지켜본 오디세우스는 그제야 자기 행동에 부끄러움을 느꼈어요.

그리스군은 트로이군을 성에서 끌어내기 위해 끊임없이 자극했어요. 하지만 트로이군은 그럴수록 점점 더 숨기만 했어요. 아킬레우스는 트로이 대신 트로이 근처에 있는 왕국들을 공격했어요.

트로이를 다른 왕국들과 힘을 합치지 못하게 떨어뜨리려는 작전이었지요. 아킬레우스는 가는 곳마다 계속 승리를 거두었어요. 리르네소스 왕국을 점령했을 때는 브리세이스 왕비를 사로잡아 자기의 시녀로 삼기도 했어요.

그러자 아가멤논과 다른 장수들도 이웃 나라로 쳐들어갔어요. 식량을 마구 빼앗고 백성들은 붙잡아서 노예로 삼았어요. 이웃 나라들은 그리스군이라면 이를 갈 정도로 미워하며 마음속으로 트로이 편을 들었지요.

그러는 동안 세월이 흘러 어느덧 구 년이 지나고 십 년째로 접어들었어요. 그 무렵 그리스군 사이에 전염병이 돌아 수많은 병사들이 죽어 갔어요. 놀란 아가멤논이 칼카스를 불러 전염병이 생긴 이유를 물었어요.

"총사령관님 때문에 생긴 전염병입니다."
 "그게 무슨 말인가?"
  칼카스는 아가멤논이 한 왕국을 점령하고 크리세이스라는 여인을 시녀로 삼았기 때문이라고 했어요. 그녀는 아폴론 신전을 지키는 사제 크리세스의 딸이었지요.

크리세스가 아가멤논에게 딸의 몸값을 주고 풀어 달라고 부탁했지만, 아가멤논은 차갑게 거절했어요. 그래서 아폴론이 크게 노해 전염병을 퍼뜨렸다는 것이었어요.

이 말을 들은 아킬레우스가 아가멤논에게 말했어요.

"당장 크리세이스를 돌려보내십시오!"

아가멤논은 자신에게 명령하듯 말하는 아킬레우스의 태도에 불쾌감을 느꼈어요.

"자네도 브리세이스를 시녀로 삼지 않았는가? 브리세이스를 나에게 주면 크리세이스를 돌려보내지."

"그럴 수는 없습니다. 지금 병사들이 전염병으로 죽어 가는 게 안 보이십니까? 크리세이스를 돌려보내지 않으면 나는 이 전쟁에서 손을 떼겠습니다!"

아킬레우스는 화를 내며 자기 배로 돌아갔어요.

아가멤논은 하는 수 없이 크리세이스를 돌려보냈어요. 그러자 거짓말처럼 전염병이 깨끗이 사라졌어요.

전염병은 사라졌지만 아가멤논과 아킬레우스는 여전히 사이가 좋지 않았어요. 아가멤논이 기어코 브리세이스를 데려가 자기 시녀로 삼았기 때문이지요. 아킬레우스는 자기 병사들에게 절대 싸움에 나서지 말라고 명령하고, 배에 틀어박혀 버렸어요.

트로이군은 이 틈을 놓치지 않고 성 밖으로 나와 맹렬히 공격을 퍼부었어요. 헥토르와 아이네이아스는 싸움터를 누비며 수많은 그리스 병사들을 해치웠어요. 파리스도 병사들을 이끌고 나와 싸웠지만, 원래 소를 키우던 그는 싸움에 서툴러 금세 성으로 돌아가고 말았어요.

전쟁의 신 아레스는 제우스가 전쟁에 나서지 말라고 했는데도, 헥토르의 전차를 빌려 타고 전쟁터를 누볐어요. 이 때문에 수많은 그리스군이 죽자, 아테나 여신도 아르고스의 왕 디오메데스가 아레스와 싸우는 것을 도왔어요. 결국 아레스는 디오메데스의 창에 찔려 큰 상처를 입고 올림포스로 달아났지요.

하지만 아레스가 없어도 헥토르는 전차를 몰고 전쟁터를 휩쓸고 다녔어요.

"싸움에 자신 있는 자는 앞으로 나와라! 나와 일대일로 붙자!"

헥토르가 그리스군을 향해 외쳤어요.

"좋다! 내가 상대해 주마!"

그리스의 용맹한 장수 아이아스가 전차를 몰고 나섰어요. 헥토르와 아이아스는 한나절 동안 싸웠어요. 하지만 해가 지도록 승부가 나지 않아 결국 무승부로 끝났어요.

헥토르는 다음 날도 공격을 멈추지 않았어요. 아킬레우스가 없을 때 싸워야 이길 확률이 훨씬 높았기 때문이지요.

트로이군의 거센 공격에 그리스군은 점점 밀리기 시작했어요.

트로이군은 바닷가에 있는 그리스군의 배에 불을 질렀어요. 트로이군의 사나운 공격에 아가멤논과 오디세우스, 디오메데스까지 큰 부상을 입었어요.
그러자 아킬레우스의 친구 파트로클로스가 아킬레우스가 머무는 배로 찾아갔어요.

"싸움에 나서기 싫으면 자네 갑옷과 투구라도 좀 빌려주게."

아킬레우스가 말렸지만 파트로클로스는 갑옷과 투구를 빼앗듯 빌려 입고 전쟁터로 나갔어요. 그가 전차를 몰고 나타나자 트로이군은 벌벌 떨며 도망쳤어요.

"아, 아킬레우스다. 달아나자!"

파트로클로스는 기세를 올려 적진 깊숙이 돌진했어요. 그러다 그만 트로이의 장수 에우포르보스의 창에 어깨를 다치고 말았어요. 파트로클로스가 쓰러지자 헥토르가 창으로 그를 공격해 해치워 버렸어요. 헥토르는 그의 갑옷과 투구를 벗겼어요.

"와, 아킬레우스가 죽었다!"

트로이 병사들은 다시 사기가 올라 환호성을 질렀어요.

그 틈에 아이아스가 전차를 몰고 나가 파트로클로스의 시신을 빼앗아 왔어요.

헥토르는 갑옷과 투구를 벗길 때 자기가 죽인 장수가 아킬레우스가 아니라는 걸 알았어요. 하지만 아킬레우스의 갑옷과 투구를 얻은 것에 만족했지요.

아킬레우스는 친구의 시신을 보고 분노했어요.

"내가 반드시 복수해 주마!"

아킬레우스는 쏜살같이 전쟁터로 달려 나갔어요. 그가 나서자 트로이군은 허겁지겁 성안으로 달아났어요. 오직 헥토르만이 성 앞에 나와 아킬레우스를 기다리고 있었어요.

"둘이 진정한 승부를 가려 보자!"

헥토르의 말에 아킬레우스도 지지 않고 소리쳤어요.

"오냐, 내 친구의 원수를 갚아 주마!"

두 장수는 불꽃이 튀는 듯 맹렬하게 맞붙었어요.

두 장수는 전차를 탄 채 서로 공격하고 막으면서 넓은 트로이 성 주위를 세 바퀴나 돌았어요. 그러다가 헥토르가 아킬레우스의 공격을 받고 그만 칼을 놓치고 말았어요.

"잘 가라, 헥토르!"

아킬레우스의 창이 바람을 가르며 헥토르의 가슴을 꿰뚫었어요.

"와, 헥토르가 죽었다!"

그리스 병사들이 북을 두드리며 기뻐했어요. 아킬레우스는 죽은 헥토르의 발목을 전차에 매달고 그리스군이 있는 곳으로 돌아왔어요.

트로이의 보물, 팔라디온

오디세우스는 트로이를 물리치기 위해 아킬레우스의 아들을 전쟁터에 데려왔어요. 한편, 오디세우스와 디오메데스는 팔라디온을 훔치기 위해 트로이 성안으로 몰래 들어갔지요. 두 사람은 무사히 팔라디온을 손에 넣을 수 있을까요?

4 트로이의 보물, 팔라디온

아킬레우스는 파트로클로스의 장례를 치르고 무덤을 만들어 주었어요. 그러고는 헥토르의 시신을 전차에 매달고 날마다 파트로클로스의 무덤 주위를 돌았어요. 그때마다 아킬레우스는 헥토르의 시신에 침을 뱉었지요.

그 모습을 본 제우스가 헤르메스를 불렀어요.

"헥토르가 너무 불쌍하구나. 가서 헥토르의 시신을 그의 아버지 프리아모스에게 돌려주도록 해라."

헤르메스는 곧바로 프리아모스 왕에게 갔어요.

"나와 함께 아킬레우스에게 가서 아들의 시신을 찾아오도록 하자."

　프리아모스는 수레에 선물을 가득 싣고 깊은 밤에 아킬레우스가 머무는 곳으로 찾아갔어요. 헤르메스가 그 앞을 지키던 병사들을 모두 잠재웠지요.

　프리아모스가 갑자기 나타나자 아킬레우스는 깜짝 놀랐어요.

"아킬레우스여, 부디 이 늙은이를 보아서라도 내 아들의 시신을 돌려주시오."

프리아모스의 주름진 눈에서 눈물이 줄줄 흘러내렸어요. 그 모습을 보자 아킬레우스는 자신의 늙은 아버지가 떠올랐어요.

"알겠습니다. 아드님의 시신을 돌려드리겠습니다."

아킬레우스는 프리아모스가 가져온 선물도 받지 않고 헥토르의 시신을 돌려주었어요. 그리고 헥토르의 장례를 지낼 수 있게 전쟁도 며칠간 멈추었지요.

장례식이 끝나자 다시 전쟁이 시작되었어요. 그때 에티오피아의 왕 멤논과 아마존의 여왕 펜테실레이아가 트로이를 도우려고 병사들을 이끌고 왔어요. 덕분에 트로이군은 활기가 넘쳤어요.

"와! 와! 그리스군을 무찔러라!"

하지만 아킬레우스는 조금도 두려워하지 않았어요.

아킬레우스는 전차를 타고 들판으로 달려 나가 단숨에 멤논과 펜테실레이아를 물리쳤어요. 병사들은 놀라 뿔뿔이 흩어졌고, 트로이군은 다시 성안으로 숨어 버렸어요.

다시 트로이군의 사기가 땅에 떨어지자 파리스는 아폴론 신전을 찾아가 기도를 올렸어요.

"신이시여, 제발 저를 도와주십시오. 큰형 헥토르를 죽인 아킬레우스에게 복수할 힘을 주십시오!"

파리스가 간절히 기도하자 마침내 아폴론의 목소리가 들려왔어요.

"활을 쏘아 네 뜻을 이루어라!"

파리스는 활 쏘는 솜씨가 형편없었지만 아폴론의 목소리를 듣는 순간 두 팔에 힘이 불끈 솟았어요.

그는 성문 위로 올라가 아래쪽을 내려다보았어요. 마침 아킬레우스가 전차를 몰고 다가오고 있었어요.

"이 겁쟁이들아! 이제 그만 항복하는 게 어떠냐?"
아킬레우스가 트로이 성을 향해 소리쳤어요. 그 순간 파리스가 활을 치켜들어 재빨리 한 발을 쏘았어요. 그와 동시에 아폴론이 파리스의 화살에 힘을 불어넣었어요.

"악!"

화살은 아킬레우스의 발뒤꿈치에 정확히 꽂혔어요. 아폴론은 아킬레우스의 유일한 약점을 알고 있었던 거예요.

아킬레우스는 전차에서 떨어져 흙바닥에 나동그라졌어요.

"와, 아킬레우스가 화살에 맞았다!"

"아킬레우스가 죽었다!"

트로이 병사들이 펄펄 뛰면서 함성을 질렀어요. 트로이 장수들이 달려 나가 아킬레우스의 시신을 낚아채려고 했어요.

그때 아이아스가 전차를 몰고 바람처럼 날쌔게 달려갔어요.

"이놈들아, 감히 어디다 손을 대려 하느냐!"

아이아스는 트로이 병사 몇 명을 해치우고, 아킬레우스의 시신을 전차에 실은 다음 그리스 군대로 돌아왔어요.

아가멤논은 아킬레우스의 장례를 성대히 치러 주었어요. 그리스 장수들과 병사들도 모두 장례식에 참석해 슬퍼했어요.

최고의 용사 아킬레우스가 죽자 그리스군의 사기는 크게 떨어졌어요. 아가멤논과 오디세우스는 서둘러 칼카스를 불러 물었어요.

"앞으로 어떻게 하는 게 좋겠소?"

칼카스가 허공을 바라보며 말했어요.

"전쟁은 올해 끝날 겁니다. 우선 파리스를 해치워야 합니다. 그럼 트로이의 예언자인 헬레노스가 성 밖으로 나올 테고, 그를 잡아 트로이를 지켜 주는 신탁의 비밀을 알아내면 우리가 승리할 것입니다."

아가멤논이 물었어요.

"성안에 숨어 있는 파리스를 무슨 수로 죽인단 말인가?"

"헤라클레스의 독화살을 가진 필록테테스가 해낼 겁니다."

그 말에 오디세우스가 고개를 끄덕였어요.

"제가 가서 필록테테스를 데려오지요."

오디세우스는 바로 렘노스섬으로 건너갔어요. 다행히 필록테테스는 아직 그 섬에 머물고 있었어요.

오디세우스는 필록테테스와 함께 트로이 전쟁터로 돌아왔어요.

오디세우스는 트로이 성 앞으로 가서 약을 올리며 소리쳤어요.

"남의 아내를 납치한 못된 파리스 놈아! 그 뻔뻔한 얼굴 좀 보자!"

얼마 후 파리스가 성문 위에 모습을 나타냈어요. 아킬레우스를 죽이고 나서 한껏 들떠 위험한 줄도 모르고 나온 거예요.

그때 필록테테스가 재빨리 독화살을 날렸어요. 그와 동시에 헤라클레스의 영혼이 독화살에 힘을 실어 주었지요.

"으윽!"

파리스는 가슴 한복판에 독화살을 맞고 그대로 쓰러졌어요.

파리스가 죽자 가장 기뻐한 사람은 메넬라오스였어요. 아내를 납치해 간 원수가 죽었으니 당연히 기뻐할 수밖에요.

하지만 헬레네는 큰 충격을 받았어요. 사랑하는 사

람을 따라 스파르타에서 트로이까지 도망쳐 왔는데, 파리스가 죽어 버렸으니 마치 하늘이 무너지는 것 같았지요.

　파리스가 죽은 지 얼마 지나지도 않았는데 트로이 왕실에서는 다툼이 벌어졌어요.

　혼자 남은 헬레네와 결혼하겠다며 데이포보스 왕자와 헬레노스 왕자가 서로 싸우기 시작한 거예요.

보다 못한 프리아모스 왕은 형인 데이포보스를 헬레네와 맺어 주었어요.

"이곳에는 나를 진정으로 생각해 주는 사람이 아무도 없구나."

화가 난 헬레노스는 곧장 트로이 성을 나와 이데산으로 가 버렸어요. 그가 이데산에 도착할 무렵, 먼저 와서 몰래 숨어 있던 오디세우스가 그를 잡아 아가멤논에게 데려왔어요.

"트로이 성을 지키는 신탁의 비밀을 우리에게 알려 줄 수 있느냐?"

아가멤논의 물음에 헬레노스가 대답했어요.

"트로이를 지켜 주는 것은 팔라디온이라는 보물입니다. 팔라디온은 아테나 여신이 만든 조각상인데, 그것을 빼앗지 못하면 영원히 트로이를 쓰러뜨릴 수 없습니다."

"그것 말고는 또 없느냐?"

"있습니다. 그리스가 승리하려면 당신의 할아버지 펠롭스의 뼈를 이곳 전쟁터로 가져와야 합니다. 또, 죽은 아킬레우스를 대신해 그의 아들이 전투에 나서야 합니다."

아가멤논은 고개를 갸우뚱거렸어요. 죽은 자기 할아버지의 뼈를 이곳으로 가져오는 것은 어렵지 않았어요. 하지만 아킬레우스의 아들을 데려올 방법은 전혀 알 수가 없었지요. 그때 꾀 많은 오디세우스가 나섰어요.

"스키로스섬에 아킬레우스의 아들이 있습니다. 제가 가서 데려오겠습니다."

오디세우스는 디오메데스와 함께 스키로스섬으로 건너갔어요.

아킬레우스의 아들 네오프톨레모스를 만난 오디세우스는 깜짝 놀랐어요.

네오프톨레모스는 아직 십 대 소년이었지만 아버지를 닮아 몸집이 크고 힘도 장사였어요.

"그리스군의 가장 앞에 서서 싸울 수 있겠나?"

오디세우스가 묻자 네오프톨레모스는 기꺼이 그러겠다고 했어요.

아킬레우스의 갑옷과 투구를 물려받은 네오프톨레모스가 드디어 트로이 전쟁터에 그 모습을 드러냈어요. 마치 아킬레우스가 살아 돌아온 듯 똑같은 모습이었어요. 그뿐만 아니라 그의 전투력은 아버지에 못지않을 정도로 대단했어요.

"이럴 수가, 죽은 아킬레우스가 살아서 돌아왔다! 일단 후퇴하라!"

네오프톨레모스를 본 트로이군은 도망치기 바빴어요. 그들은 이전처럼 성문을 닫아걸었어요. 다시 지루한 기다림의 시간이 찾아왔어요.

얼마 후 오디세우스와 디오메데스가 거지로 변장하고 트로이 성안으로 들어갔어요. 이미 해가 져서 주변은 어둑했지요.

오디세우스는 팔라디온이 있는 건물을 찾아냈어요. 하지만 문에는 큰 자물쇠가 걸려 있었어요.

그때 누군가 그를 알아보았어요.

"당신은 이타카의 오디세우스 님이 아닙니까?"

그를 알아본 것은 헬레네였어요. 오디세우스는 순간적으로 헬레네를 해치워야 할지 고민했어요. 그런데 헬레네가 조용히 말했어요.

"팔라디온을 가지러 왔군요. 잠시 여기서 기다리세요. 제가 열쇠를 가져올게요."

헬레네는 오디세우스의 마음을 꿰뚫어 보았어요. 그녀는 잠시 후에 열쇠를 가지고 와서 직접 문을 열어 주었어요.

오디세우스와 디오메데스는 팔라디온을 품 안에 숨기고 급히 성문을 빠져나왔어요.

헬레네는 그들이 성 밖으로 나가는 것을 물끄러미 바라보았어요. 그녀는 파리스가 죽은 뒤 데이포보스와 결혼했지만 조금도 행복하지 않았어요. 언젠가 스파르타로 돌아가야겠다고 마음먹고 있었지요. 그러던 차에 오디세우스를 만나 그를 도운 거였어요.

트로이의 목마

오디세우스는 목수에게 자신이 그린 설계도를 보여 주며 그대로 만들라고 명령했어요. 이것이 그 유명한 트로이 목마예요. 커다란 목마를 본 트로이 사람들은 그리스군이 돌아갔다고 생각했어요. 트로이 목마에 숨은 비밀은 무엇일까요?

5 트로이의 목마

팔라디온을 손에 넣은 오디세우스는 트로이를 무너뜨릴 좋은 생각이 떠올랐어요. 그는 목수 에페이오스를 불러 자신이 그린 설계도를 보여 주었어요.

"이 설계도대로 목마를 만들 수 있겠소?"

설계도에는 어마어마하게 큰 목마 그림이 그려져 있었어요.

"물론 만들 수 있습니다."

그리스군은 그날부터 이데산으로 가서 목마를 만들 나무를 베어 왔어요.

에페이오스는 그 나무들로 커다란 건물만큼 거대한 목마를 만들기 시작했어요.

목마가 거의 완성되자 오디세우스는 아가멤논과 장수들, 병사들에게 자신의 계획을 자세히 설명했어요.

"이 작전이 성공하면 우리는 전쟁에서 승리하고, 곧 고향으로 돌아갈 수 있습니다!"

다음 날이 되자 그리스 군대가 있던 자리는 텅 비어 있었어요. 그뿐 아니라 바닷가에 있던 그리스군의 배들도 어디론가 사라져 버렸어요.

그리스군이 머물던 들판에는 무언가 거대한 것이 서 있었어요. 그것은 바로 에페이오스가 만든 목마였어요. 트로이 백성들이 목마 가까이 다가가 거기에 붙어 있는 글을 읽어 보았어요.

"아테나 여신이시여, 이 목마를 바치오니 그리스 병사들이 무사히 고향에 돌아갈 수 있도록 도와주소서."

이 글을 본 트로이 사람들이 웅성거렸어요.

"이것 좀 봐. 그리스군이 전쟁을 그만두고 다 돌아갔나 보군!"

"그럼 우리가 이긴 거잖아!"

그때 프리아모스 왕이 카산드라 공주와 장수들을 거느리고 나타났어요. 미래를 내다볼 수 있는 카산드라는 목마를 보자마자 소리쳤어요.

"오, 안 돼요! 어서 목마를 불태우세요. 저건 아주 불길한 목마예요!"

아폴론 신전의 사제 라오콘도 같은 의견이었어요.

"맞습니다. 저 목마를 당장 불태워야 합니다!"

그때 장수 시논이 나섰어요.

"그건 위험한 말씀입니다. 아테나 여신께 바친 목마를 마음대로 불태우면 큰 벌을 받습니다. 전쟁에서 승리한 기념으로 목마를 성안으로 옮기는 게 좋을 듯합니다."

시논은 거짓으로 트로이에 항복한 그리스의 장수였어요. 오디세우스가 보낸 첩자였지요. 첩자는 적의 비밀을 몰래 알아내 전달하는 사람을 말해요.

"시논의 말이 옳은 것 같구나."

프리아모스는 시논의 편을 들었어요. 하지만 라오콘은 끝내 자신의 뜻을 굽히지 않았어요.

"그리스인인 시논의 말을 믿지 마십시오. 저 목마에는 분명히 어떤 속임수가 있을 것입니다."

그런데 이게 웬일인가요. 바다에서 갑자기 커다란 뱀 두 마리가 솟아오르더니 라오콘을 덮쳤어요. 뱀들은 그 옆에 있던 라오콘의 두 아들까지 친친 감아 죽여 버렸어요.

이 뱀들은 아테나가 그리스를 돕기 위해 보낸 것이었어요. 프리아모스는 라오콘과 두 아들이 신이 내린 벌을 받았다고 믿었어요.

프리아모스가 병사들에게 명령했어요.

"어서 목마를 성안으로 옮겨라. 승리를 축하하는 큰 잔치를 열 것이다."

수백 명의 병사들이 달려들어 거대한 목마를 성안으로 옮겼어요.

승리를 축하하는 잔치는 그날 밤새 이어졌어요. 십 년간 이어진 전쟁에 지친 병사들은 마음껏 먹고 마시며 즐겼어요.

깊은 밤, 시논이 바닷가를 향해 횃불로 신호를 보냈어요. 트로이의 장수들과 병사들은 이미 술에 취해 깊은 잠에 빠져 있었지요.

여기저기 숨어 있던 그리스군의 배들이 한꺼번에 바닷가로 몰려왔어요. 그리스 병사들은 재빨리 배에서 내려 트로이 성으로 달려갔어요. 이 모든 일은 아주 조용히 이루어졌어요.

트로이 성안에 있던 거대한 목마에서도 병사들이 쏟아져 나왔어요. 목마의 배 부분이 열리고 장수들과 병사들이 사다리를 타고 내려왔지요.
오디세우스와 디오메데스는 병사들에게 명령을 내렸어요.
"성문으로 가서 문을 열어라!"

"나머지는 왕궁으로 가서 불을 질러라!"

네오프톨레모스도 함께 왕궁으로 달려갔어요.

이내 성문이 열리고 밖에서 기다리던 그리스 병사들이 물밀듯 밀려들어 왔어요. 성안 곳곳에서 불길이 치솟았고, 깜짝 놀라 잠에서 깬 트로이 병사들은 허겁지겁 도망치기 바빴어요.

오디세우스와 네오프톨레모스는 왕의 침실로 가서 프리아모스를 죽이고, 그의 자식들을 사로잡았어요.

카산드라는 미리 눈치를 채고 아테나 신전으로 달아났어요. 그러자 몸이 날쌘 장수 아이아스가 그녀의 뒤를 쫓아갔어요. 그는 아이아스와 이름이 똑같아 작은 아이아스라고 불리는 장수였어요.

작은 아이아스가 아테나 여신상에 매달린 카산드라를 덮쳤어요. 그 바람에 여신상이 와장창 소리를 내며 쓰러졌어요.

그것을 보고 칼카스가 소리쳤어요.

"저런, 아테나 여신상을 쓰러뜨리다니. 이를 어쩌면 좋단 말인가! 여신께서 우리에게 큰 벌을 내릴 것이다. 당장 작은 아이아스를 잡아라!"

깜짝 놀란 작은 아이아스는 얼른 여신상을 세워 놓고 그 뒤로 숨었어요.

병사들은 작은 아이아스를 잡으려다가 다시 여신상이 쓰러질까 봐 카산드라만 끌고 나왔어요.
　데이포보스는 아내 헬레네와 도망치다가 메넬라오스에게 딱 걸렸어요. 메넬라오스는 데이포보스를 단칼에 해치우고 헬레네와 십 년 만에 다시 만났어요.

"헬레네, 그동안 어떻게 지냈소?"

메넬라오스는 헬레네를 와락 끌어안았어요. 그는 헬레네가 스스로 따라간 것이 아니라 파리스에게 납치된 것이라고 굳게 믿고 있었지요.

트로이 왕실 사람들과 장수들은 거의 다 죽거나 노예가 되었어요. 트로이 성은 불타서 잿더미가 되었고, 겨우 목숨을 건진 사람들은 성을 탈출해 도망쳤어요.

프리아모스 왕의 사위인 아이네이아스는 가족들과 함께 가까스로 성을 탈출했어요. 어머니인 아프로디테가 도와준 덕분이었지요. 훗날 아이네이아스는 병사들을 모아 로마를 세우기 위한 기초를 마련했어요.

아가멤논과 장수들은 트로이 성이 불타는 것을 보고 다 함께 환호성을 질렀어요.

"우리가 이겼다! 만세!"

병사들도 펄쩍펄쩍 뛰며 기뻐했어요.

"그리스 연합군 만세! 만만세!"

"이제 고향으로 돌아가자!"

소아시아에서 가장 강한 도시 국가였던 트로이는 이렇게 멸망하고 말았어요.

6

고향으로 가는 길

전쟁을 마치고 집으로 돌아간 아가멤논은 아내의 손에 죽었어요. 전쟁 전에 딸을 제물로 바친 일로 화가 난 아내가 복수한 거예요. 그러나 이 일은 여기에서 끝나지 않고 또 다른 복수를 불러왔어요. 도대체 어찌 된 일일까요?

6 고향으로 가는 길

전쟁에서 승리한 그리스 연합군은 고향으로 돌아갈 생각에 다들 들떠 있었어요. 배에는 트로이의 보물들과 노예들이 가득했지요. 하지만 아가멤논은 곧장 돌아가는 것에 반대했어요.

"작은 아이아스 때문에 아테나 여신이 크게 노하셨소. 그러니 여신께 제물을 바쳐 노여움이 풀리면 그때 출발하는 게 좋겠소."

하지만 아가멤논의 동생 메넬라오스는 바로 떠나고 싶어 했어요.

"형님, 저는 하루라도 빨리 헬레네와 스파르타로 돌아가고 싶습니다. 마침 바다도 고요하니 출발하겠습니다."

디오메데스도 메넬라오스와 생각이 같았어요.

"저도 당장 고향으로 떠나겠습니다."

디오메데스가 여러 척의 배를 끌고 가장 먼저 출발하고 뒤이어 메넬라오스도 떠났어요.

디오메데스는 운 좋게도 별 탈 없이 그리스로 돌아갔어요. 하지만 메넬라오스의 배들은 폭풍을 만나 여러 번 죽을 고비를 넘겼어요. 화가 난 아테나가 제우스와 포세이돈에게 부탁해서 폭풍을 보냈기 때문이에요.

제우스와 포세이돈도 그리스군이 트로이군을 너무 잔인하게 죽이고, 재물을 마구 빼앗은 탓에 화가 나 있었지요.

메넬라오스의 배들은 폭풍에 휘말려 이집트까지 떠내려갔어요. 수십 척의 배 가운데 겨우 다섯 척만 남았지요. 다섯 척의 배는 그리스 쪽으로 가다가 다시 엉뚱한 곳으로 떠내려가기를 반복했어요.
　메넬라오스와 헬레네는 무려 팔 년 후에야 겨우 스파르타에 도착할 수 있었어요.

비록 팔 년이 걸렸더라도 고향에 도착한 메넬라오스는 그나마 다행이었어요. 아가멤논의 눈을 피해 트로이에서 몰래 출발한 작은 아이아스는 고향에 가 보지도 못하고 죽고 말았어요. 트로이 성안으로 쳐들어갔을 때 아테나 여신상을 넘어뜨린 일로 아테나에게 미움을 샀기 때문이지요.

네오프톨레모스는 프리아모스의 아들 헬레노스와 같은 배를 타고 떠났어요. 예언자 헬레노스는 배 안에서 자신들의 앞날을 이렇게 예언했어요.

"우리는 몰로시아로 가야 합니다. 뱃길이 아니라 땅 위로 가야 살 수 있습니다."

네오프톨레모스는 그의 말대로 따랐어요. 덕분에 별다른 사고 없이 몰로시아에 도착할 수 있었어요. 네오프톨레모스는 몰로시아에 나라를 세우고 왕이 되었어요. 헬레노스도 이웃에 나라를 세워 왕이 되었지요.

칼카스 역시 자신의 앞날을 내다보고 뱃길이 위험하다는 것을 알았어요.

"나는 땅을 지나서 갈 것이오."

그러자 몇몇 장수들과 병사들도 칼카스와 함께 가기로 했어요.

떠나기 전에 칼카스가 장수들에게 말했어요.

"오래전에 앞날을 내다보니 나는 나보다 뛰어난 예언자를 만나면 죽을 운명이었소. 이제 세월도 꽤 흘렀으니 곧 그날이 오겠지요."

칼카스 일행은 바로 트로이에서 출발하여 소아시아의 콜로폰에 도착했어요. 그들은 그곳에서 예언자 몹소스의 집에서 잠시 쉬었어요.

몹소스는 칼카스가 유명한 예언자인 것을 알아보고 말했어요.

"우리 두 사람 중에서 누가 더 뛰어난 예언자인지 겨루어 보고 싶습니다."

"좋소. 한번 겨루어 봅시다."

몹소스는 새끼를 밴 암퇘지를 가리키며 물었어요.

"저 돼지가 몇 마리의 새끼를 낳겠습니까?"

"여덟 마리를 낳을 것 같군."

몹소스가 고개를 저으며 말했어요.

"제 생각은 다릅니다. 저 돼지는 내일 수컷 아홉 마리를 낳을 것입니다."

다음 날 정오에 암퇘지는 몹소스 말대로 수컷 아홉 마리를 낳았어요. 그러자 칼카스는 자신의 예언대로 그날 밤 잠을 자다가 조용히 세상을 떠났어요.

장수들은 칼카스를 잘 묻어 주고 다시 먼 길을 떠났어요.

장수들은 콜로폰에서 배를 구해 그리스로 향했는데, 깊은 밤에 폭풍을 만나 죽을 고생을 했어요. 수많은 배가 가라앉고 겨우 몇 척만 남았지요. 이 배들도 얼마 가지 못하고 절벽에 부딪혀 산산조각이 나고 말았어요. 가까스로 목숨을 구한 장수와 병사들은 몇 년 후에야 겨우 그리스에 닿았어요.

한편, 트로이에 남은 아가멤논은 아테나와 여러 신들에게 제물을 바쳤어요. 그 덕분에 신들의 노여움이 풀렸는지 아가멤논의 배들은 무사히 에게해를 건넜어요.

마침내 고향인 미케네에 도착한 아가멤논은 너무 기뻐서 가슴이 벅차올랐어요.

"어서 아내가 기다리는 집으로 가자!"

아가멤논은 서둘러 왕궁으로 향했어요.

그런데 그를 기다리고 있는 것은 잔뜩 화가 난 아내 클리타임네스트라였어요. 그녀는 남편 아가멤논이 십 년 전에 딸 이피게네이아를 제물로 바친 일로 원한을 품고 있었어요. 그래서 아이기스토스라는 남자를 꼬드겨 무서운 음모를 꾸몄지요.

"아가멤논을 죽여 주면 당신과 결혼할게요. 그러면 당신은 미케네의 왕이 되는 겁니다."

원래 아가멤논을 싫어하던 아이기스토스는 그렇게 하겠다고 했어요.

아가멤논이 돌아오자 미케네 백성들은 환호성을 지르며 환영했어요. 마침내 그가 왕궁으로 들어서자 클리타임네스트라는 거짓으로 반가운 척했어요.

"피곤하시지요? 따뜻한 물을 준비해 놓았으니 어서 목욕부터 하세요."

"역시 내 집이 최고로군."

아가멤논이 목욕을 마치고 나오자, 클리타임네스트라는 옷을 입혀 주는 척하다가 머리에 자루를 뒤집어씌웠어요.

"이게 뭐 하는 짓이오!"

그때 숨어 있던 아이기스토스가 뛰쳐나와 아가멤논을 단칼에 죽였어요.

아가멤논이 죽자 클리타임네스트라는 남편이 병에 걸려 죽었다고 거짓 소문을 퍼뜨렸어요. 장례식이 끝나자마자 그녀는 아이기스토스와 결혼했고, 아이기스토스는 미케네의 왕이 되었지요.

한편, 아가멤논의 딸 엘렉트라는 아버지를 죽인 사람이 누구인지 바로 눈치챘어요. 엘렉트라는 남동생 오레스테스와 왕궁을 빠져나와 아버지 친구인 스트로피오스를 찾아갔어요. 그리고는 그 집에 숨어 살았지요.

"오레스테스, 아버지는 억울하게 돌아가셨단다. 지금부터 내 얘기를 잘 들으렴."

엘렉트라는 동생에게 모든 이야기를 털어놓았어요. 오레스테스는 깜짝 놀랐어요.

"걱정 마, 누나. 내가 꼭 아버지의 한을 풀어 드릴 테니까!"

오레스테스는 얼마 후 델포이 신전으로 가서 신탁을 들었어요.

"두 명의 살인자가 죽으면 너는 왕이 될 것이다."

오레스테스는 신탁을 듣고 큰 힘을 얻었어요. 그는 캄캄한 밤에 미케네 왕궁으로 몰래 들어갔어요. 침실로 가 보니 어머니와 아이기스토스가 잠들어 있었어요. 오레스테스는 두 사람을 칼로 공격해 죽이고 말았어요.

다음 날, 왕과 왕비가 죽은 것을 안 미케네 사람들은 큰 충격에 빠졌어요. 오레스테스는 왕실 병사들에게 체포되어 감옥에 갇혔어요.

얼마 후 오레스테스는 재판소로 끌려갔어요. 그곳은 살인자를 심판하는 재판소였지요.

재판장은 아테나였고, 아테네 사람 열두 명이 배심원으로 참여했어요. 또, 아폴론과 복수의 여신 에리니에스 세 자매도 재판에 참가했어요.

먼저 복수의 여신 에리니에스 세 자매가 의견을 말했어요.

"어머니를 죽인 죄는 무엇보다 큰 죄예요.

더구나 클리타임네스트라 왕비는 딸의 원수를 갚은 것뿐인데 왜 죽어야 하죠?"

이번에는 아폴론이 말했어요.

"오레스테스는 어머니를 죽인 게 아니오. 아버지의 원수를 갚은 것뿐이지. 잔혹한 살인자를 죽인 건 결코 죄라고 할 수 없소."

한참 동안 토론이 오간 뒤 배심원 열두 명이 투표한 결과는 유죄 여섯 표, 무죄 여섯 표였지요. 결국 최종 판결은 재판장인 아테나의 몫이 되었어요.

"나는 오레스테스가 정당하게 복수했다고 생각합니다. 그는 무죄입니다."

이렇게 하여 오레스테스는 무사히 풀려났어요. 그는 아버지의 뒤를 이어 미케네의 왕이 되었어요.

그러나 에리니에스 세 자매는 오레스테스를 그대로 내버려 두지 않았어요.

에리니에스 세 자매는 부모를 죽인 자에게 반드시 벌을 내렸기 때문이지요. 이들은 오레스테스의 마음에 독을 부었어요.

그 뒤부터 오레스테스는 불안과 공포에 사로잡혀 날마다 고통스러워했어요. 견디다 못한 그는 델포이로 가서 신탁을 받았어요. 아폴론이 직접 나와 신탁을 내렸어요.

"당장 타우로이족의 나라로 가서 아르테미스 여신상을 가져오너라. 그러면 복수의 여신들도 너를 용서할 것이다."

오레스테스는 곧바로 타우로이족의 나라로 떠났어요. 그의 친구 필라데스도 함께했지요.

흑해 북쪽에 있는 타우로이족의 나라는 불기둥이 치솟아 오르고, 뜨거운 용암이 흐르는 무서운 곳이었어요.

타우로이족은 불기둥을 매우 두려워해 해마다 산 사람을 제물로 바쳤어요.

오레스테스와 필라데스는 타우로이족의 나라에 도착하자마자 병사들에게 붙잡히고 말았어요.

타우로이족의 왕 토아스가 기뻐하며 말했어요.

"저 둘을 제물로 바치자."

오레스테스와 필라데스는 꽁꽁 묶인 채 신전 제단 앞에 꿇어앉았어요.

그러자 신을 모시는 신녀가 나와 제단에 향을 피웠어요. 그리고는 오레스테스에게 물었어요.

"내 아버지와 정말 닮았군요. 혹시 어디서 오셨소?"

"나는 미케네에서 온 오레스테스요."

순간 신녀가 크게 놀라며 그를 다시 바라보았어요.

"오, 나는 너의 누나 이피게네이아란다. 이런 곳에서 너를 만나다니 신들께서 우리를 돕는 모양이다."

이피게네이아는 아가멤논이 트로이 전쟁을 떠나기 전 아르테미스 여신에게 제물로 바친 딸이에요. 아르테미스는 그녀의 목숨을 살려 주고 이곳으로 데려와 신녀로 삼았지요.
　이피게네이아는 두 사람을 몰래 빼내서 바닷가로 데려갔어요. 그러고는 준비해 둔 배를 타고 급히 나라 밖으로 탈출했어요.

이피게네이아가 미리 배에 실어 놓은 덕분에 아르테미스 여신상도 무사히 가져올 수 있었지요.

오레스테스가 이피게네이아와 함께 미케네로 돌아오자 모든 사람들이 깜짝 놀랐어요. 이피게네이아가 죽지 않고 살아 있으니 오레스테스의 살인은 정당한 복수로 인정되었어요. 그러자 복수의 여신 에리니에스 세 자매도 오레스테스를 용서해 주었어요.

이피게네이아는 미케네에 아르테미스 신전을 세웠어요. 그러고는 그곳에 타우로이족의 나라에서 가져온 여신상을 모셨지요.

힘든 여행길에 함께한 오레스테스의 친구 필라데스는 엘렉트라와 결혼했어요. 오레스테스는 작은아버지 메넬라오스의 딸 헤르미오네와 결혼했지요.

메넬라오스는 아들이 없어 오레스테스에게 스파르타를 물려주었어요.

그 사이에 미케네는 아이기스토스와 클리타임네스트라의 아들인 알레테스가 다스리고 있었지요. 오레스테스는 알레테스를 죽인 뒤 미케네의 왕이 되었어요. 결국 그는 두 나라를 함께 다스리는 매우 강한 왕이 되었어요.

오디세우스의 모험

오디세우스는 그리스군이 모두 떠난 뒤에 고향 이타카섬으로 향했어요. 그러나 긴 항해는 쉽지 않았어요. 병사들이 기억을 잃는 열매를 먹는가 하면, 괴물 키클롭스에게 잡아먹힐 위기를 맞았어요. 오디세우스는 무사히 고향에 돌아갈 수 있을까요?

7 오디세우스의 모험

오디세우스는 대부분의 그리스군이 떠난 뒤에도 트로이에 남아 있었어요. 그리고 맨 마지막으로 배 열두 척과 병사들을 거느리고 고향 이타카섬을 향해 출발했어요.

"돛을 올려라! 이제 우리도 고향으로 돌아가자!"

트로이에서 이타카까지는 꽤 먼 거리였어요.

오디세우스는 먼저 트라키아로 가서 닥치는 대로 식량을 빼앗아 배에 실었어요. 트라키아는 트로이 전쟁 때 트로이 편에 서서 싸웠던 나라이지요.

하지만 오디세우스는 아폴론 신전만은 절대 건드리지 않았어요. 그러자 신전을 지키는 사제가 가죽 자루에 담긴 포도주를 잔뜩 주었어요.

오디세우스는 식량과 포도주와 물을 싣고 기분 좋게 고향으로 향했어요. 그런데 하필이면 그날 밤부터 거센 폭풍이 몰아쳤어요. 제우스가 보낸 폭풍이었지요. 배들은 방향을 잃고 먼 아프리카까지 떠내려갔어요.

배가 바닷가에 닿자 오디세우스가 병사들에게 명령했어요.

"이곳에 무엇이 있는지 내려가서 살펴보아라."

그곳은 로토파고이족이 사는 곳이었어요. 병사들이 배에서 내려 숲으로 들어가자, 로토파고이족은 이들을 환영하며 로토스라는 열매를 주었어요.

열매는 달콤했지만 그것을 먹은 병사들은 모든 기억을 잃어버렸어요.

로토스는 기억을 잃게 하는 마법의 열매였던 거예요. 병사들이 돌아오지 않자 오디세우스가 병사들을 이끌고 직접 숲으로 찾아왔어요. 그는 기억을 잃은 병사들을 발견하고 소리쳤어요.

"어서 배로 데려가라! 절대 그 열매를 먹지 마라!"

오디세우스는 배로 돌아오자마자 그곳을 떠났어요.

다음에 도착한 곳은 이탈리아의 한 섬이었어요. 오디세우스는 병사 열두 명과 배에서 내려 주변을 살펴보았어요. 바닷가에서 거대한 동굴을 발견한 그는 안으로 들어가 보았어요.

동굴 안에는 방과 부엌이 있었고, 한쪽에는 가축우리도 있었어요. 오디세우스는 배가 고파 병사들과 함께 가축우리에 있는 양을 잡아먹었어요.

그런데 이마 한가운데 눈이 있는 거인 키클롭스가 갑자기 동굴 안으로 쑥 들어왔어요. 그는 키클롭스 중에서도 포세이돈과 요정 토오사 사이에서 태어난 폴리페모스였어요.

"너희들은 누구냐?"

폴리페모스가 묻자 오디세우스가 대답했어요.

"우리는 폭풍을 만나 여기까지 오게 된 뱃사람들이오. 너무 배가 고파 당신 양을 잡아먹었소. 양을 먹은 값은 드릴 테니 용서해 주시오."

폴리페모스는 말없이 병사 한 명을 집어 들었어요. 그러고는 우적우적 씹어 먹더니 양젖을 꿀꺽꿀꺽 마셨어요.

그는 오디세우스와 병사들을 양들과 함께 가축우리에 집어넣었어요. 그러고는 바위로 동굴 입구를 막아 버렸어요.

오디세우스는 밤새 폴리페모스를 물리칠 방법을 곰곰이 생각했어요.

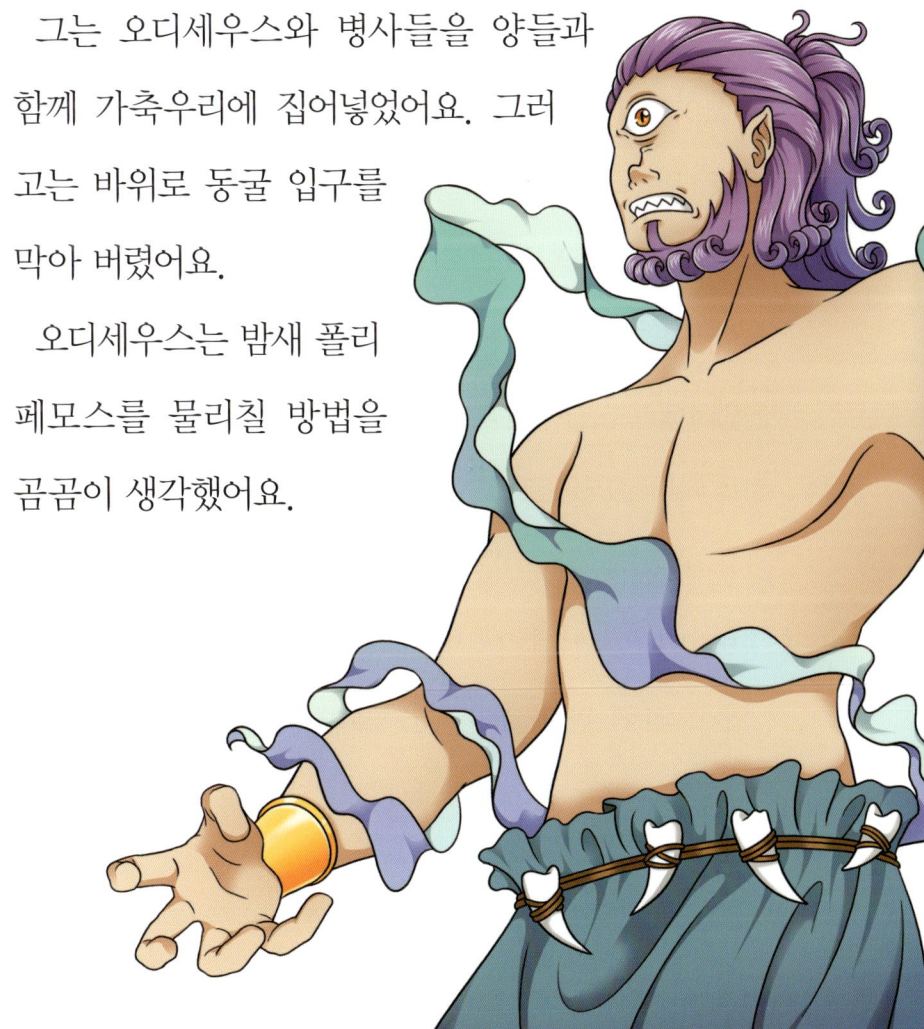

다음 날 아침, 폴리페모스는 또 병사 둘을 잡아먹었어요. 그리고는 양 떼를 몰고 밖으로 나갔다가 저녁이 되어서야 다시 돌아왔어요.

그는 다시 병사 둘을 잡아먹고 양젖을 마셨어요. 그러자 오디세우스가 말했어요.

"양젖보다 이것이 훨씬 맛있으니 먹어 보시오."

오디세우스가 내민 것은 가죽 자루에 담긴 포도주였어요. 폴리페모스는 포도주를 벌컥벌컥 마시더니 술에 취해 곯아떨어졌어요.

오디세우스는 뾰족하게 깎은 통나무 끝을 불로 지진 다음, 그것으로 폴리페모스의 눈을 푹 찔렀어요. 그는 비명을 지르며 미친 듯이 날뛰었어요. 그러다가 새벽이 되어서야 지쳐서 잠이 들었지요.

날이 밝자 폴리페모스는 바위를 치우고 양들을 데리고 밖으로 나갔어요.

폴리페모스는 눈이 보이지 않아 양의 등을 하나하나 쓰다듬어 보았어요. 혹시 병사들이 양을 타고 도망갈까 봐 확인한 것이지요. 하지만 다행히도 오디세우스와 병사들은 양의 배에 매달려 동굴 밖으로 무사히 빠져나왔어요.

　오디세우스는 양 떼까지 배에 태우고 바로 출발했어요.
"이놈들이 바닷가로 도망간 것 같은데?"

폴리페모스가 오디세우스 일행이 빠져나간 것을 눈치채고 친구들을 불러왔어요. 키클롭스들이 오디세우스 일행이 탄 배를 향해 거대한 바위를 집어 던졌어요. 바위가 바다에 떨어질 때마다 집채만 한 파도가 일었어요.

 오디세우스 일행은 급히 노를 저어 그곳에서 벗어났어요.

 폴리페모스는 화가 치솟아 포세이돈에게 소리쳤어요.
 "아버지, 제 눈을 멀게 한 나쁜 놈들이니 부디 혼내 주십시오!"

 포세이돈은 꼭 복수해 줄 테니 걱정 말라며 아들을 위로했어요.

 오디세우스 일행은 오랫동안 항해하다 식량이 거의 떨어져 갈 무렵 아이올리아섬에 도착했어요. 그곳의 왕 아이올로스가 일행을 반겨 주었어요.

"오디세우스라면 트로이 전쟁의 영웅 아니오? 어서 오시오!"

오디세우스 일행은 왕으로부터 후한 대접을 받았어요. 병사들도 오랜만에 맛있는 음식을 잔뜩 먹고 푹 쉬었어요. 오디세우스가 다시 떠나려고 할 때 아이올로스가 신비한 가죽 자루를 선물로 주었어요.

"이 자루는 역풍을 빨아들이는 마법 자루라오. 이걸 돛에 달면 순풍만 불어 안전하게 갈 수 있소. 그러니 절대 자루를 풀지 마시오."

"알겠습니다. 절대 풀지 않겠습니다. 그럼 안녕히 계십시오."

오디세우스는 다시 먼바다로 나갔어요. 돛에 자루를 달아서 그런지 바람은 계속 순풍이었어요. 덕분에 배는 며칠 만에 이타카섬 근처까지 갔어요.

오디세우스는 식사를 하고 잠깐 졸았어요. 그사이에 병사 몇 명이 돛에 걸린 자루를 보고 궁금증이 일어 살짝 풀어 보았어요.

"으, 아악!"

자루가 풀리자마자 안에 들어 있던 역풍이 강하게 몰아쳤어요. 그 때문에 일행이 탄 배들은 다시 먼바다로 밀려갔어요.

결국 어느 바닷가에 도착했지만 그곳이 어디인지 아무도 알지 못했어요. 배가 여러 척 가라앉아 이제 병사들도 오십 명밖에 남지 않았어요.

오디세우스 일행이 도착한 곳은 바로 아이아이섬이었어요.

그곳은 태양신 헬리오스의 딸 키르케가 사나운 맹수들과 사는 곳이었어요. 키르케는 마법을 부리는 마녀였지요.

병사들 몇 명이 섬을 둘러보러 나갔다가 키르케에게 잡혀 돼지로 변하고 말았어요. 다행히 한 병사가 겨우 도망쳐 오디세우스에게 이 사실을 알렸지요.

"내가 직접 가 보겠다."

오디세우스는 혼자 키르케의 궁전으로 갔어요. 그런데 가는 길에 헤르메스가 나타나 오디세우스에게 신비한 약초를 주었어요.

트로이 전쟁의 영웅이 돼지가 되는 것을 그냥 두고 볼 수 없었기 때문이에요.

오디세우스가 궁전에 도착하자 키르케가 마법을 걸어 그를 돼지로 만들려고 했어요. 하지만 약초를 먹은 오디세우스는 아무렇지도 않았어요.

"내 병사들은 어디 있느냐?"

오디세우스가 키르케의 목에 칼을 들이대고 물었어요.

"제발 목숨만 살려 주세요."

키르케는 돼지로 변한 병사들을 원래 모습으로 되돌렸어요.

그날부터 오디세우스와 병사들은 키르케의 궁전에서 편히 쉬며 맛난 음식을 대접받았어요. 키르케는 마법으로 계속 음식을 만들어 냈지요.
어느덧 일 년이 흘러 오디세우스는 다시 떠날 준비를 했어요. 그러자 키르케가 몹시 아쉬워하며 말했어요.

"고향에 무사히 돌아가려면 병사들을 여기 두고, 지하 세계로 가서 예언자 테이레시아스를 만나 보세요. 그분이 좋은 말씀을 해 주실 거예요."

키르케는 지하 세계로 가는 길도 자세히 알려 주었어요.

"알겠소. 당신 말대로 하겠소."

오디세우스는 병사들을 아이아이섬에 남겨 두고 혼자 배를 타고 바다로 나갔어요. 지하 세계로 이어지는 서쪽으로 계속 배를 몰았지요.

8

세이렌의 유혹과 칼립소

오디세우스는 병사들의 귀를 막고 자신은 돛대에 묶인 채로, 세이렌의 유혹을 뿌리치고 무사히 빠져나왔어요. 그러나 그것이 끝이 아니었어요. 더 큰 재앙이 그들을 기다리고 있었지요. 그 재앙은 과연 무엇일까요?

8 세이렌의 유혹과 칼립소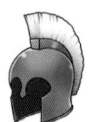

오디세우스는 지하 세계 입구를 지나 스틱스강으로 배를 몰았어요. 지하 세계에 도착한 오디세우스는 영혼들이 떠도는 곳에서 앞을 못 보는 예언자 테이레시아스를 만났어요.

"예언자여, 제 앞날에 대해 알고 싶어서 왔습니다."

테이레시아스가 잠시 생각한 후에 조용히 말했어요.

"트리나키아섬에 가면 소를 해치지 마시오. 소를 해치면 그대는 반드시 죽고 말 거요. 살아서 집에 돌아간다면 피의 복수를 해야 할 것이오."

오디세우스는 테이레시아스가 말한 뜻을 정확히 알지는 못했지만 그렇게 하겠다고 했어요.

오디세우스는 지하 세계를 떠나 곧장 아이아이섬으로 돌아왔어요. 그러고는 병사들을 여러 척의 배에 태우고 다시 바다로 나갔어요. 키르케에게는 그동안 잘 대접해 주어 고맙다고 인사를 건넸어요.

키르케는 오디세우스가 무사히 이타카로 돌아갈 수 있도록 여러 가지 방법을 알려 주었어요.
　배들은 이탈리아 쪽으로 나아가다가 세이렌들이 사는 섬으로 다가갔어요. 그때 오디세우스가 키르케가 알려 준 대로 병사들에게 명령했어요.
　"다들 밀랍으로 귀를 막아라! 그리고 나를 돛대에 묶어라. 세이렌들이 사는 섬을 완전히 지나갈 때까지 절대 나를 풀어 주지 마라.

그리고 전속력으로 노를 저어라!"
 세이렌은 얼굴은 여자처럼 생겼지만 몸은 새처럼 생긴 바다의 요정이에요. 아주 매혹적으로 노래하며 뱃사람의 정신을 쏙 빼 놓았지요.

그러면 배는 암초에 부딪쳐 산산조각이 났고 뱃사람들은 전부 목숨을 잃었어요.

배가 세이렌들이 사는 섬에 가까워지자 아름다운 노랫소리가 점점 커졌어요. 오디세우스는 견디다 못해 마구 소리를 질렀어요.

"어서 나를 풀어라! 저 섬으로 배를 몰아라!"

하지만 병사들은 그의 목소리를 듣지 못한 채 계속 노를 저었어요.

배는 가까스로 세이렌들이 사는 섬을 벗어났어요.

"저런, 괘씸한!"

세이렌들은 자기들의 유혹이 실패하자 몹시 화가 났어요. 그래서 치솟는 화를 참지 못하고 모두 바다에 뛰어들어 죽고 말았어요.

세이렌들의 유혹에서 벗어난 배는 거친 바다로 빠르게 나아갔어요.

하지만 금세 또 다른 위험이 다가왔어요. 배가 좁은 해협을 통과해야 하는데 한쪽에는 사람을 잡아먹는 여자 괴물 스킬라가 지키고 있었고, 반대쪽에는 무서운 소용돌이가 버티고 있었지요. 소용돌이에 휘말리면 전부 죽을 수도 있었어요.

오디세우스는 키르케가 당부한 말을 떠올렸어요.

"모두가 죽는 길과 몇 사람만 죽는 길이 있다면 어디로 가야 할까요."

오디세우스는 괴물 스킬라가 지키고 있는 곳으로 배를 몰았어요. 전부 다 죽는 길로 갈 수는 없으니까요.

스킬라가 병사들을 몇 명 잡아먹었지만 배는 그대로 해협을 통과했어요.

"휴, 그나마 다행이구나."

오디세우스는 한숨을 내쉬었어요.

해협을 지나자 이내 트리나키아섬이 나타났어요. 오디세우스는 테이레시아스의 예언을 들었기 때문에 그 섬을 그냥 지나치려 했어요. 하지만 노를 젓느라 지친 병사들이 조금만 쉬었다가 가자고 애원했어요.

"좋다. 오늘 하룻밤만 머물렀다 가자. 하지만 저 섬에 사는 소는 절대 해치지 말아야 한다."

오디세우스와 병사들은 섬에 내려 동굴에서 하룻밤을 푹 쉬었어요. 그런데 다음 날부터 엄청난 폭풍이 몰아쳤어요.

거의 한 달 동안 계속 폭풍이 몰아치자, 굶주린 병사들이 들판에서 풀을 뜯는 소를 몰래 잡아먹기 시작했어요.

불안을 느낀 오디세우스는 폭풍이 잦아들자 곧장 바다로 나왔어요. 그런데 얼마 가지도 못해 다시 강한 역풍을 만났어요. 배는 이전에 지나쳐 온 해협까지 밀려가다가 그만 거대한 소용돌이에 휘말리고 말았어요. 병사들은 죽기 살기로 부서진 배의 나뭇조각을 붙들고 버텼어요. 하지만 소용돌이는 순식간에 모든 것을 삼켜 버리고 말았어요.

"오, 모두 사라져 버렸구나!"

그날 오디세우스는 배와 병사들을 모두 잃고 말았어요. 테이레시아스의 예언대로 소를 먹은 병사들은 모두 죽고, 소를 먹지 않은 오디세우스만 겨우 살아남은 거예요.

오디세우스는 너무 지쳐 오기기아섬 바닷가에 쓰러져 있었어요. 마침 바다의 요정 칼립소가 그를 발견하여 집으로 데려가 정성껏 치료해 주었어요.

오디세우스가 마음에 들었던 칼립소가 말했어요.

"이 섬에서 저와 행복하게 살아요."

오디세우스도 다른 길을 선택할 수 없는 상황이었어요. 이미 배도 병사들도 모두 사라져 버렸으니까요.

오디세우스는 칼립소와 부부가 되어 몇 년 동안 그 섬에서 살았어요. 칼립소는 오디세우스와 평생 살기를 원했어요. 하지만 오디세우스는 이타카에 두고 온 아내 페넬로페를 잊을 수가 없었어요.

"페넬로페, 정말 미치도록 보고 싶구려."

오디세우스는 바닷가에서 혼자 눈물을 뚝뚝 흘렸어요.

그 모습을 보고 감동한 제우스가 헤르메스를 시켜 칼립소를 설득하도록 했어요. 칼립소는 오디세우스를 보내고 싶지 않았지만, 제우스의 뜻을 거스를 수는 없었어요. 그래서 하는 수 없이 오디세우스에게 뗏목을 만들어 주었어요.

오디세우스는 뗏목을 타고 드디어 오기기아섬을 떠났어요. 그런데 얼마 가지도 않아 산더미 같은 파도가 몰려왔어요.

포세이돈이 삼지창으로 바다를 내리친 거예요. 뗏목은 힘없이 부서져 버렸고 오디세우스는 바다에 둥둥 뜬 채 정신을 잃었어요.

"오, 저건 오디세우스가 아닌가?"

마침 아테나가 그를 발견했어요. 아테나는 고향에 돌아가지 못한 채 십 년 동안이나 낯선 땅과 바다를 헤매는 오디세우스가 안타까웠어요.

"이제 용서해 줄 때가 되었구나."

아테나는 그리스 장수들에게 가졌던 노여움을 풀었어요. 그러고는 바다로 내려가 오디세우스의 이마를 살짝 건드렸어요.

그 순간 정신을 차린 오디세우스는 불편한 옷을 벗어 버리고 헤엄을 쳐서 육지로 향했어요. 한참 동안 헤엄친 그는 어느 바닷가에 도착해 근처 숲으로 들어갔어요.

너무 지친 나머지 오디세우스는 숲에 쓰러져 잠이 들었어요. 그곳은 이타카섬 북쪽에 위치한 스케리아섬이었어요.

스케리아섬의 왕은 알키노오스였는데, 그에게는 나우시카라는 딸이 있었어요. 마침 그날 나우시카가 시녀들과 강으로 빨래하러 나왔다가 오디세우스를 발견했어요. 오디세우스가 겨우 정신을 차리자 나우시카는 옷을 한 벌 건네주었어요.

"이건 제 아버지의 옷입니다. 일단 입으세요."

오디세우스는 옷을 입고 나우시카 일행을 따라 왕궁으로 들어갔어요. 오디세우스는 어떤 일이 벌어질지 몰라 우선 자신의 정체를 숨기기로 했어요.

알키노오스 왕은 오디세우스를 위해 잔치를 열어 주었어요. 맛있는 음식이 식탁에 가득했고 악사들은 돌아가며 음악을 연주했지요.

그런데 눈먼 악사 데모도코스가 트로이 전쟁을 줄거리로 한 노래를 부르기 시작했어요. 그리스 장수들의 활약과 아킬레우스의 죽음 이야기도 담겨 있었어요. 오디세우스는 옛일을 하나둘 떠올렸어요.
 마침내 악사가 트로이 전쟁의 목마 이야기를 노래하자 오디세우스의 눈에서 눈물이 주르르 흘러내렸어요.

알키노오스 왕이 놀라서 물었어요.

"왜 우는 것이오?"

오디세우스는 그제야 자신의 정체를 밝혔어요.

"제가 바로 이타카의 오디세우스입니다. 노래를 들으니 저절로 눈물이 흐르는군요."

"오, 당신이 정말 트로이 전쟁의 영웅 오디세우스요? 참으로 영광이군요."

그날 밤 알키노오스와 오디세우스는 밤이 지새는 지도 모르고 긴 이야기를 나누었어요.

며칠이 지나 오디세우스의 건강이 회복되자 알키노오스가 말했어요.

"우리 병사들이 배로 이타카까지 모셔다드릴 겁니다. 부디 편히 가십시오."

"참으로 고맙습니다. 이 은혜를 잊지 않겠습니다."

오디세우스도 감사의 인사를 전했어요.

다음 날, 스케리아섬의 병사들이 오디세우스를 배에 태우고 바다로 나갔어요. 그 배는 포세이돈이 미처 알아채지 못할 정도로 무척 빨랐어요. 아테나는 이타카 바닷가에 짙은 안개를 뿌려 배가 눈에 잘 띄지 않게 했지요.

이렇게 해서 오디세우스는 꿈에 그리던 고향 이타카로 드디어 돌아왔어요.

이타카로 돌아온 오디세우스

이타카로 돌아온 오디세우스는 옛 시종의 집으로 몸을 피했어요. 지난 세월 이타카에서 일어난 일을 다 들은 뒤 그는 조용히 때를 기다렸지요. 페넬로페와 결혼해 이타카의 왕이 되려는 자들을 오디세우스는 과연 어떻게 물리칠까요?

9 이타카로 돌아온 오디세우스

이타카에 도착한 오디세우스는 곧장 왕궁으로 향했어요. 그런데 아테나가 갑자기 나타나 말했어요.

"바로 왕궁으로 가면 위험하다. 우선 너의 옛 시종인 에우마이오스의 오두막으로 가라. 되도록 네 정체를 감추어야 한다."

오디세우스는 왕궁에서 조금 떨어진 에우마이오스의 오두막으로 갔어요. 그는 시간이 오래 흐른 터라 거지로 변장한 오디세우스를 알아보지 못했어요.

"하룻밤만 묵어갈 수 있겠소?"

"네, 그러시지요."

오디세우스는 그에게서 이십 년 동안 이타카에 어떤 일들이 있었는지 들었어요.

"오디세우스 왕께서는 아마 이 세상 사람이 아닐 거예요."

에우마이오스가 들려준 이야기는 다음과 같았어요. 전쟁이 끝나고 몇 년이 지나도 오디세우스가 돌아오지 않자 이타카 사람들은 다들 왕이 죽었을 것이라고 생각했어요.

그러자 힘 있는 자들이 페넬로페에게 청혼하려고 이타카섬으로 몰려왔어요. 그들은 무례하게 왕궁으로 쳐들어와 눌러앉아 버렸어요.

이들이 점점 더 제멋대로 굴자, 오디세우스의 어머니 안티클레이아는 견디다 못해 스스로 목숨을 끊고 말았어요.

오디세우스의 아버지 라에르테스도 모든 것을 잃고 시골로 들어가 숨어 살았어요.

그러자 구혼자들은 더욱 난리를 쳤어요. 페넬로페와 결혼만 하면 이타카의 왕이 될 수 있으니 너도나도 욕심을 부렸지요.

하지만 페넬로페는 이런저런 핑계를 대며 시간을 끌었어요.

"아버님의 수의를 짓고 있으니 이 일이 끝나면 누구와 결혼할지 알려 드리겠습니다."

수의는 죽은 사람에게 입히는 옷이에요. 페넬로페가 수의를 만든다고 한 지도 어느덧 삼 년이 지났어요. 그러자 구혼자들은 아예 페넬로페의 침실까지 들어와서 행패를 부렸어요. 페넬로페는 하루도 편할 날이 없었지요.

여기까지 들은 오디세우스는 피가 끓어올랐어요. 당장 왕궁으로 달려가 아내를 괴롭히는 이들을 해치워 버리고 싶었지만 꾹 참았어요.

그때 누군가 오두막의 문을 두드렸어요.

"에우마이오스, 문 좀 열어! 나야, 텔레마코스."

"왕자님, 잠깐만 기다리세요."

에우마이오스가 문을 열자 한 청년이 안으로 들어왔어요. 그는 오디세우스의 아들이었어요.

스파르타로 가서 아버지 소식을 아는 사람이 있는지 알아보고 돌아오는 길이었지요. 이타카 왕궁으로 돌아가려는데, 아테나가 나타나 우선 에우마이오스의 오두막으로 가라고 해서 온 것이었어요.

오디세우스는 텔레마코스를 보고 깜짝 놀라 자리에서 일어났어요.

"자네가 정말 오디세우스의 아들 텔레마코스인가?"

"그렇습니다. 어르신은 누구십니까?"

"정말 오랜만이구나. 나는 네 아버지 오디세우스다."

"뭐, 뭐라고요?"

죽은 줄로만 알았던 아버지가 눈앞에 서 있는 것을 보자 텔레마코스는 저절로 눈물이 쏟아졌어요. 이십 년 만에 만난 아버지와 아들은 밤이 깊도록 밀린 이야기를 나누었어요.

텔레마코스는 새벽이 되어서야 사람들의 눈을 피해 왕궁으로 돌아갔어요.

날이 밝자 오디세우스도 거지로 변장한 채 왕궁으로 들어갔어요. 그는 구걸하는 척하며 구혼자들의 얼굴을 하나하나 보아 두었어요.

"어이, 웬 거지가 어슬렁거리나?"

구혼자 중에 우두머리 노릇을 하는 안티노오스가 입을 삐쭉거리며 놀렸어요.

그러자 술에 취한 다른 구혼자들도 한마디씩 내뱉었어요.

"저 거지도 청혼하러 왔나 보군. 하하하!"

"정신이 나간 놈인 모양이지. 낄낄!"

마침 그때 왕비 페넬로페가 걸어 나왔어요.

"오, 이제 결혼 발표라도 하실 모양이네."

안티노오스가 빈정거렸어요.

페넬로페가 구혼자들을 돌아보며 말했어요.

"내일 왕의 정원에서 활쏘기 대회를 열겠습니다. 제 남편의 활로 과녁을 맞히는 사람이 이타카의 왕이 될 것입니다."

페넬로페의 말은 오디세우스가 지난밤에 오두막에서 텔레마코스에게 전한 말 그대로였어요. 텔레마코스가 아버지에게 들은 말을 자기 의견인 것처럼 어머니에게 전달한 것이지요.

구혼자들은 페넬로페의 말에 다들 찬성했어요.

"좋소! 그렇게 합시다."

"나도 찬성이오."

오디세우스는 그날 궁전의 작은 방에 머물렀어요. 밤이 깊어지자 텔레마코스가 에우마이오스와 함께 방으로 찾아왔어요. 오디세우스는 그들에게 내일 할 일을 하나하나 알려 주었어요.

드디어 날이 밝았어요. 왕의 정원에서는 활쏘기 대회를 준비하느라 아침부터 분주했어요. 그런데 과녁이 특이했어요. 자루를 빼낸 도끼머리 열두 개를 한 줄로 세운 것이었는데, 거리가 백 걸음도 넘어 보였어요. 페넬로페가 활을 들고나와 말했어요.

"단 한 발의 화살로 도끼머리 열두 개에 난 구멍을 모두 꿰뚫는 사람이 오늘의 우승자가 될 것입니다."

구혼자들이 웅성거렸어요.

"그건 너무 힘든 일이오!"

"누가 저렇게 어려운 걸 할 수 있단 말이오?"

페넬로페가 말했어요.

"제 남편 오디세우스는 단 한 발로 꿰뚫었습니다. 자신 없으면 그만두시지요."

구혼자들은 툴툴거리면서도 번갈아 가며 활을 잡았어요.

그런데 활이 어찌나 강하고 팽팽한지 잘 당겨지지도 않았어요. 안티노오스도 활을 쏘았지만 겨우 스무 걸음 앞에 툭 떨어졌어요.

그 뒤에도 수십 명이 돌아가며 활을 쏘았어요. 하지만 그 누구도 도끼머리 구멍을 단 한 개도 꿰뚫지 못했어요.

대회가 계속되는 동안 텔레마코스와 에우마이오스는 구혼자들이 대기하는 방으로 숨어 들어갔어요. 그리고는 그들의 무기를 모두 감춰 버렸어요.

구혼자들이 모두 실패하자 구석에 앉아 있던 오디세우스가 슬며시 일어났어요.

"나도 한번 쏴 보고 싶은데 괜찮겠습니까?"

구혼자들이 핀잔을 주었어요.

"저 거지가 미친 거 아냐?"

그러자 텔레마코스가 얼른 나서서 말했어요.

"기회는 누구에게나 공평하게 주어질 것입니다. 나는 이 나라의 왕자로서 이분에게도 똑같이 기회를 드리겠습니다."

텔레마코스가 오디세우스에게 활을 건넸어요.

오디세우스는 천천히 활을 들었어요. 이십 년 전에 왕의 정원에서 날마다 쏘던 손때 묻은 자신의 활이었지요. 그는 정신을 한곳으로 모으고 활시위를 당겼어요. 그러고는 늘어선 열두 개의 구멍을 향해 화살을 날렸어요.

세찬 소리를 내며 빠르게 날아간 화살은 눈 깜짝할 사이에 도끼머리에 난 열두 개의 구멍을 꿰뚫고 돌담에 박혔어요. 구혼자들은 입을 떡 벌린 채 아무 말도 못했어요.

그 순간 오디세우스가 그들을 향해 돌아서며 버럭 외쳤어요.

"이 나쁜 놈들아! 이 오디세우스가 너희를 절대 용서하지 않겠다!"

오디세우스가 쏜 화살이 핑핑 날아갔어요. 구혼자들은 이리저리 도망치다가 화살에 맞아 하나둘 쓰러졌어요. 급히 달아난 구혼자들은 무기를 놓아둔 방으로 달려갔어요.

"앗, 무기가 다 어디 갔지?"

그들은 당황해서 밖으로 나왔다가 오디세우스의 화살에 차례로 쓰러졌어요. 입구 쪽으로 달아난 구혼자들도 기둥 뒤에 숨어 있던 텔레마코스와 에우마이오스의 칼에 연달아 쓰러졌어요.

갑자기 왕궁이 전쟁터처럼 변하자 페넬로페는 재빨리 자기 침실로 숨었어요. 한참을 숨어 있는데 누군가 방으로 들어왔어요.

"페넬로페, 이리 나오시오. 내가 왔소."

"당신은 누구시죠?"

페넬로페가 침대 뒤에 숨은 채 물었어요.

"나요. 당신의 남편 오디세우스요!"

페넬로페는 그 말을 믿을 수 없었어요. 거지로 변장한 데다 너무 오랜 세월이 흘러 남편을 알아볼 수 없었던 거예요. 그러자 오디세우스가 말했어요.

"나는 이 침대의 비밀을 알고 있소. 이 침대 다리 네 개는 땅에 뿌리를 뻗고 있소. 뿌리 박혀 있는 올리브나무 밑동을 잘라 내고 그 위에 이 침대를 만든 게 바로 나요. 침대를 먼저 만든 뒤에 이 건물을 지었지 않소."

"오, 오디세우스! 당신, 진짜 당신이로군요!"

페넬로페가 달려와 오디세우스의 품에 와락 안겼어요. 이십 년 만에 만난 부부의 두 눈에서 끊임없이 눈물이 흘러내렸어요.

오디세우스 왕이 돌아왔다는 소식이 전해지자 이타카 사람들은 다들 환호성을 지르며 기뻐했어요.

오디세우스는 신전으로 가서 여러 신들에게 제물을 바치고 제사를 지냈어요. 자신을 도와준 신들은 물론이고, 벌을 내린 신들에게까지 제물을 바치고 제사를 지냈지요.

오디세우스는 시골에 숨어 살던 아버지 라에르테스도 왕궁으로 모셔 왔어요. 이십 년 만에 아들을 만난 라에르테스는 어찌나 기뻤던지 잠시 기절했다가 다시 깨어날 정도였지요.
　이타카의 왕 오디세우스는 아내 페넬로페, 아들 텔레마코스와 함께 나라를 잘 다스리며 평화롭게 살았답니다.

그리스 로마 신화를 읽는 이유

　그리스 로마 신화에는 신과 영웅, 요정 등 다양하고 신비한 인물이 많이 등장해요. 아름답거나 신기한 이야기부터 무섭고 놀라운 이야기까지 이야기의 종류도 매우 다양하지요. 그런데 우리는 그리스 로마 신화를 왜 읽어야 할까요? 그리스 사람도 아니고 로마 사람도 아닌데 말이지요.

　그리스 로마 신화는 고대 그리스에서 만들어지기 시작해 로마 제국으로 이어지는 신화예요. 그리스 신화를 받아들인 로마 사람들이 신들의 이름과 내용을 바꾸기도 했지만, 중심은 어디까지나 그리스 신화예요. 하지만 서양 역사에서 로마가 중요한 자리를 차지하고 있기 때문에 '그리스 로마 신화'라는 이름이 붙게 되었지요.

　우리가 그리스나 로마 사람도 아닌데 그리스 로마 신화를 읽어야 하는 이유는 신화에 등장하는 이야기가 지금까지도 생생

하게 살아 있기 때문이에요. 언어와 문학, 역사, 철학 같은 학문을 인문학이라고 하는데, 그리스 로마 신화는 이 모든 학문에 깊이 스며들어 있어요.

그리스 로마 신화를 소재로 한 소설과 그림, 조각품도 셀 수 없이 많아요. 철학이나 심리학에서 쓰는 용어 가운데 그리스 로마 신화에 나오는 인물에서 따온 것도 있지요.

여러분도 한 번쯤 들어 봤을 '판도라의 상자'나 '미다스의 손' 등도 모두 그리스 로마 신화에서 나왔어요. 스포츠용품 회사인 나이키는 승리의 여신인 니케의 영어식 이름이고, 커피 회사인 스타벅스의 로고는 바다의 요정 세이렌이랍니다.

거문고자리, 오리온자리, 사자자리 같은 별자리 이름도 그리스 로마 신화 속에 나오는 이야기에서 생겨났어요. 이렇게 그리스 로마 신화를 읽어야 서양 문화와 역사의 뿌리를 알 수 있어요. 그리스 로마 신화가 그만큼 인류 역사와 학문, 예술에 큰 영향을 끼쳤기 때문이지요. 그래서 우리가 현대를 살면서도 계속 그리스 로마 신화를 읽는 것이랍니다.

신화 박물관

🎵 스틱스강에 아들을 담그는 테티스

아킬레우스는 사람인 펠레우스와 여신인 테티스 사이에서 태어났기 때문에 신처럼 영원히 살 수 없었어요. 이를 안타깝게 여긴 테티스는 스틱스강에 아들을 거꾸로 담갔어요. 스틱스강의 물이 피부에 닿으면 어떤 공격에도 상처를 입지 않기 때문이었지요. 덕분에 아킬레우스는 트로이 전쟁에 나가 앞장서서 싸울 수 있었어요.

〈스틱스강에 아킬레우스를 담그는 테티스〉, 페테르 파울 루벤스

🎵 치명적인 약점, 아킬레스건

테티스가 아킬레우스를 스틱스강에 넣을 때 발뒤꿈치를 잡아서, 그곳만 강물에 닿지 않았어요. 결국 아킬레우스는 파리스가 쏜 화살에 발뒤꿈치를 맞아 세상을 떠나고 말았지요. 이렇게 치명적인 약점을 아킬레스건이라고 해요. 아킬레스건은 발뒤꿈치의 힘줄을 가리키기도 하지요.

〈아킬레우스의 죽음〉, 페테르 파울 루벤스

노래로 유혹하는 세이렌

세이렌은 여자의 얼굴에 새의 몸을 가진 바다 요정이에요. 노래를 불러 뱃사람을 유혹하고 배를 침몰시켜 죽인다고 해요. 영어 단어 사이렌(Siren)은 세이렌(Seiren)에서 유래되었어요. 사이렌은 길고 큰 소리를 내는 경고 또는 신호 장치예요. 유명 커피 회사인 '스타벅스'의 로고도 세이렌에서 유래되었어요.

〈세이렌〉, 존 윌리엄 워터하우스

훌륭한 스승, 멘토

오디세우스는 트로이 전쟁에 참여하기로 결정하자, 어린 아들 텔레마코스가 걱정되었어요. 그래서 친구이자 현자인 멘토르에게 아들을 맡겼어요. 멘토르는 오디세우스가 다시 돌아올 때까지 텔레마코스를 잘 가르쳤어요. 이 인물의 이름에서 선생님과 상담자를 의미하는 멘토(Mentor)라는 말이 생겼어요.

〈텔레마코스와 멘토르〉, 파블로 파비슈

켄타우로스 케이론

케이론은 반은 사람이고 반은 말인 켄타우로스족이에요. 거칠고 난폭한 다른 켄타우로스들과 달리 그는 성품이 지혜롭고 온화했어요. 의술과 무술 실력이 뛰어나고 예언하는 능력도 있었지요. 그는 그리스 신화의 많은 영웅들을 가르친 스승이었어요. 펠레우스도 아들 아킬레우스의 교육을 케이론에게 맡겼고, 케이론은 아킬레우스를 그리스의 뛰어난 영웅으로 키웠어요.

어린 아킬레우스를 가르치는 케이론

전쟁을 끝낸 트로이의 목마

오디세우스는 전쟁을 끝낼 아주 좋은 방법을 생각해 냈어요. 그는 거대한 목마를 만들어 병사들과 함께 그 안에 숨었다가, 트로이군이 방심한 틈을 타 목마에서 뛰어나와 공격했지요. 결국 그리스 연합군이 승리하며 십 년간의 트로이 전쟁은 막을 내렸어요.

〈트로이 목마를 옮기는 행렬〉,
조반니 도메니코 티에폴로

트로이의 보물, 팔라디온

팔라디온은 아테나 여신을 상징하는 작은 조각상이에요. 팔라디온에는 이 조각상을 모시는 도시를 지켜 주는 힘이 있다고 해요. 제우스가 지상으로 던진 팔라디온은 트로이 성으로 떨어졌는데, 트로이에서 이 조각상을 발견하고 귀하게 모셨어요. 오디세우스와 디오메데스는 헬레네의 도움으로 팔라디온을 훔쳐, 무사히 그리스 진영으로 돌아갔어요.

팔라디온을 훔치는 오디세우스와 디오메데스

아테나 여신상을 쓰러뜨린 작은 아이아스

트로이가 함락될 때 프리아모스 왕의 딸 카산드라는 아테나 신전으로 달아났어요. 그러자 작은 아이아스가 그녀를 잡으러 쫓아갔고 이 과정에서 아테나 여신상이 쓰러졌어요. 이 일로 그리스군은 아테나 여신의 노여움을 샀고, 전쟁이 끝난 뒤에도 오랫동안 고향으로 돌아가지 못했어요.

아테나 여신상에 매달린 카산드라를 끌어내는 작은 아이아스

외눈박이 거인, 폴리페모스

폴리페모스는 이마 한가운데 눈이 하나뿐인 거인족 키클롭스예요. 키클롭스 가운데 가장 크고 무시무시했으며 바다의 신 포세이돈의 아들이기도 해요. 트로이 전쟁이 끝난 뒤 고향으로 돌아가던 오디세우스 일행을 가두고 한 명씩 잡아먹었는데, 이때 오디세우스에게 공격을 당해 눈이 멀게 되었어요.

〈폴리페모스〉,
요한 하인리히 빌헬름
티슈바인

마법을 부리는 키르케

〈오디세우스에게 잔을 건네는 키르케〉,
존 윌리엄 워터하우스

키르케는 태양신 헬리오스의 딸로 아이아이섬에서 홀로 살았어요. 고향으로 돌아가던 오디세우스 일행 중 몇 명을 마법을 부려 돼지로 만들었지요. 하지만 오디세우스와 맞닥뜨린 뒤 모두 원래대로 되돌려 놓았어요.

그리스의 황금 사과

신화에서 황금 사과는 신들이 가진 힘을 상징해요. 그리스뿐만 아니라 여러 나라의 신화에서 사과는 신들의 나라에서만 열리는 열매예요. 특히 그리스 신화에는 황금 사과가 등장하는데, 헤라는 황금 사과를 헤스페리데스 정원에 심고 도둑맞지 않도록 용에게 지키게 하지요. 하지만 이 황금 사과는 영웅 헤라클레스와 불화의 여신 에리스에게 도둑맞았어요.

트로이 전쟁의 불씨가 된 것은 에리스가 훔친 황금 사과였어요. 이 사과에는 '세상에서 가장 아름다운 여신에게'라는 글이 쓰여 있었지요. 헤라, 아테나, 아프로디테 세 여신은 서로 황금 사과를 가지려고 경쟁했어요. 제우스는 황금 사과를 누구에게 줄지 결정하는 일을 트로이 왕자 파리스에게 맡겼어요. 파리스는 아름다운 여인을 아내로 맞게 해 주기로 약속한 아프로디테에게 황금 사과를 주었지요. 이렇게 해서 파리스는 그리스 최고 미녀이자 메넬라오스의 아내 헬레네를 얻게 되었고, 이것이 트로이 전쟁의 원인이 되었어요.

〈파리스의 심판〉, 페테르 파울 루벤스

신화 퀴즈

 **연상 퀴즈**

다음 그림과 단어를 보고 떠오르는 영웅을 적어 보세요.

트로이 목마   페넬로페   키르케   세이렌

 **OX 퀴즈**

❶ 파리스는 황금 사과를 헤라에게 주었어요.

❷ 아킬레우스의 유일한 약점은 어깨예요.

❸ 팔라디온은 트로이를 지켜 주는 보물이에요.

❹ 복수의 여신은 결국 오레스테스를 용서했어요.

❺ 오디세우스는 팔라메데스에게 복수했어요.

인물의 이름

그림과 초성을 보고 이름을 써 보세요.

❶ 그리스 연합군의 총사령관

❷ 트로이군의 총사령관

❸ 그리스의 뛰어난 영웅

❹ 이타카의 왕

ㅇ ㄷ ㅅ ㅇ ㅅ

 ## 간단 퀴즈

빈칸에 들어갈 적절한 말을 써 보세요.

❶ (   )은 노랫소리로 사람을 홀려 죽게 했어요.

❷ 필록테테스는 (   )에게 독화살을 받았어요.

❸ 이마에 눈이 하나인 거인족을 (   )라고 해요.

❹ 키르케는 그리스 병사들을 (   )로 만들었어요.

🏺 동물 찾기

트로이의 목마를 보면 생각나는 동물에 ○표를 하세요.

🏺 도시 국가와 신들 연결하기

도시 국가와 그 편인 신들을 선으로 이어 보세요.

아프로디테   포세이돈   아폴론   헤라

누구일까?

파리스가 황금 사과를 준 여신에게 ○표를 하고 이름을 쓰세요.

❶　　　　　　❷　　　　　　❸

관계있는 것 찾기

서로 관계있는 단어끼리 같은 색으로 색칠해 보세요.

| 오디세우스 | 황금 | 아킬레우스 |
| 발뒤꿈치 | 트로이의 목마 | 사과 |

상상하기

파리스가 아프로디테가 아닌 헤라나 아테나에게 황금 사과를 주었다면 어떤 일이 일어났을지 상상해서 써 보세요.

신들의 이름

그리스식	로마식	영어식	별칭
제우스	유피테르	주피터	최고의 신
헤라	유노	주노	결혼과 가정의 여신
포세이돈	넵투누스	넵튠	바다의 신
데메테르	케레스	세레스	곡식과 농사의 여신
아프로디테	베누스	비너스	사랑과 아름다움의 여신
아테나	미네르바	미네르바	지혜와 전쟁의 여신
아폴론	아폴로	아폴로	태양·음악·예언의 신
아르테미스	디아나	다이애나	사냥과 달의 여신
헤파이스토스	불카누스	벌컨	불과 대장장이의 신
아레스	마르스	마스	전쟁의 신
헤르메스	메르쿠리우스	머큐리	전령과 상업의 신
디오니소스	바쿠스	바커스	술과 축제의 신
헤스티아	베스타	베스타	불과 화로의 여신
하데스	플루톤	플루토	저승의 신
에로스	큐피드	큐피드	사랑의 신
니케	빅토리아	나이키	승리의 여신
가이아	텔루스	어스	대지의 여신
우라노스	카일루스	유러너스	하늘의 신
크로노스	사투르누스	새턴	시간의 신

신과 인간의 계보

🌿 올림포스 신들

```
            크로노스 ─── 레아
                 │
   ┌────┬────────┼──────┬──────┐
  헤스티아 데메테르★ 제우스★ 헤라★ 하데스 포세이돈★
                 │
         ┌───────┼───────┐
      페르세포네        
                 │
   ┌──────┬─────┼─────┬──────┐
아프로디테 헤파이스토스★ 아레스★ 헤베 에일레이티이아
```

🌿 제우스 관계도

제우스★ ─── 메티스
    │
   아테나★

제우스★ ─── 세멜레
    │
  디오니소스★

제우스★ ─── 알크메네
    │
  헤라클레스

제우스★ ─── 레토
    │
 ┌──┴──┐
아폴론★ 아르테미스★

제우스★ ─── 마이아
    │
  헤르메스★

제우스★ ─── 테미스
    │
 ┌──┴──┐
모이라이 호라이

★ 올림포스 열두 신

글 양태석
서울예술대학에서 문학을 공부했고, 1991년 월간 〈문학정신〉에 단편소설이 당선되었습니다. 잡지사와 출판사에서 일했고, 지금은 소설과 동화를 쓰고 있습니다. 쓴 책으로는 소설집 《다락방》과 동화집 《아빠의 수첩》, 《사랑의 힘 운동본부》, 《책으로 집을 지은 악어》 등 30여 권이 있습니다.

그림 조성경
일러스트레이션을 전공했으며 캐릭터 디자인, 웹툰, 이모티콘 등 다양한 분야에서 활동 중입니다. 주요 작품으로는 카카오톡 이모티콘 '판다! 두부의 생활 일기', '스마일 재스민'이 있으며, 그린 책으로는 「내가 만드는 팝업북」 시리즈, 「미니미니 만들기」 시리즈 등이 있습니다.

그리스 로마 신화

❺ 오디세우스와 트로이 전쟁

2022년 2월 1일 1판 1쇄 발행

글 양태석 | 그림 조성경
펴낸이 문제천 | 펴낸곳 ㈜은하수미디어
편집진행 문미라 | 편집 옥수진
디자인 김지수, 권은애 | 디자인 지원 최유정 | 제작책임 이남수
주소 서울시 송파구 송이로32길 18, 405 (문정동, 4층)
대표전화 (02)449-2701 | 팩스 (02)404-8768 | 편집부 (02)3402-1386
출판등록 제22-590호(2000. 7. 10.)
ⓒ 2022, Eunhasoo Media Publishing Co., Ltd.

이 책의 저작권은 ㈜은하수미디어에 있으므로 무단 전재 및 무단 복제를 금합니다.

주의! 종이가 날카로워 손을 베일 수 있으므로 주의하십시오.
파본은 구입처에서 교환해 드립니다. 사용 중 발생한 파손은 교환 대상에 해당되지 않습니다.

*사진 출처 Shutterstock, Wikimedia Commons

특별부록

그리스 로마 신화 5 캐릭터 카드 ①